联合资助	湖北省高校省级教学改革研究项目"多学科协同发展的巴东实践教学资源开发与模式研究"(2022128)
	中国地质大学(武汉)教学改革重点研究项目"巴东科教基地多学科实践教学体系与模式研究"(2022085)

巴东科教基地多学科综合实习教程

BADONG KEJIAO JIDI DUOXUEKE ZONGHE SHIXI JIAOCHENG

主　编　侯林春　李会琴

副主编　桂　蕾　汪俊杰　杨　青

中国地质大学出版社

ZHONGGUO DIZHI DAXUE CHUBANSHE

图书在版编目(CIP)数据

巴东科教基地多学科综合实习教程/侯林春,李会琴主编;桂蕾,汪俊杰,杨青副主编.
—武汉:中国地质大学出版社,2024.7. —ISBN 978-7-5625-5905-4

Ⅰ.G424.4

中国国家版本馆 CIP 数据核字第 2024WA8804 号

巴东科教基地多学科综合实习教程	侯林春　李会琴　**主　编**
	桂　蕾　汪俊杰　杨　青　**副主编**

责任编辑:龙昭月			责任校对:张咏梅
出版发行:中国地质大学出版社(武汉市洪山区鲁磨路 388 号)			邮政编码:430074
电　　话:(027)67883511	传　　真:67883580		E-mail:cbb@cug.edu.cn
经　　销:全国新华书店			https://cugp.cug.edu.cn
开本:787mm×1092mm 1/16		字数:223 千字	印张:10
版次:2024 年 7 月第 1 版		印次:2024 年 7 月第 1 次印刷	
印刷:武汉中远印务有限公司			
ISBN 978-7-5625-5905-4			定价:48.00 元

如有印装质量问题请与印刷厂联系调换

《巴东科教基地多学科综合实习教程》
编委会

主　　编：侯林春　李会琴

副 主 编：桂　蕾　汪俊杰　杨　青

参编人员：邹宗兴　候玉洁　潘婧妍　惠余杰　王　睿
　　　　　　陶　冶　许家丽　胡静雯　李亚男　曹逸宇

PREFACE

"巴东三峡巫峡长,猿鸣三声泪沾裳。"巴东,地处湖北省西南部、长江中上游两岸,居恩施土家族苗族自治州的东大门,是巴楚蜀文化的融合之地和土家文化的发源地。巴东是著名景点长江三峡的中心点,有壮观的巫峡口、大面山,风情浓郁的巴人河、无源洞,还有被誉为"纳凉之都"的高山滑雪小镇以及世界仅存的峡江纤夫。巴东山水资源丰富,人文底蕴深厚。

2018年,为加强校地合作,巴东县人民政府与中国地质大学(武汉)签订全面战略合作协议,将湖北省农业广播电视学校巴东分校的土地、房屋移交给中国地质大学(武汉)。2019年8月26日,中国地质大学(武汉)巴东科教基地(以下简称巴东科教基地)正式挂牌。2022年7月,巴东科教基地正式投入使用。

巴东科教基地是中国地质大学(武汉)的四大实习基地之一,与中国地质大学(武汉)秭归产学研基地毗邻。为了更好地发挥这两大实习基地的优势,巴东科教基地更加侧重挖掘地质灾害治理、文旅融合、乡村振兴、土家民俗采风、户外运动等领域的实践教学资源,从而满足应急管理、地理、体育、旅游、音乐等专业的教学需求,也真正促进了这两大实习基地的有效联动发展。

中国地质大学(武汉)高度重视巴东科教基地的建设。在学校领导、本科生院及学院领导的大力支持下,2022年,"巴东科教基地多学科实践教学体系与模式研究"获批校级教学改革重点研究项目(编号:2022085)和省级教学改革研究项目(编号:2022128)资助。团队老师备受鼓舞,深感责任在肩。中国地质大学(武汉)地理与信息工程学院、经济管理学院等单位牵头,联合公共管理学院、体育学院、艺术与传媒学院、工程学院(应急技术与管理专业)、地球物理与空间信息学院等的教师们一起到巴东科教基地考察,开发拓展教学资源和实习线路。其间,教师们几乎跑遍了巴东各乡镇,并积极与县级行政部门和实习点所在企业公司进行对接和资料收集。

《巴东科教基地多学科综合实习教程》是在巴东县野外实习教学资源实地踏勘、综合考察及客观评价的基础上,结合本校地理与信息工程学院、经济管理学院、地球物理与空间信息学院、公共管理学院、工程学院、体育学院、艺术与传媒学院等的相关专业的实践教学特色,系统开发了冰雪经济、乡村振兴、文化和地学旅游、地质灾害、应急管理、攀岩搜救和艺术采风等内容的实习路线。

本教程共6章,章节顺序按照本科专业的实习路线进行安排。第一章是绪论,第二章为人文地理专业实习路线,均由地理与信息工程学院的侯林春老师执笔;第三章是旅游管理专业实习路线,由经济管理学院李会琴老师执笔;第四章为应急技术与管理专业实习路线,由工程学院桂蕾老师执笔;第五章是体育专业实习路线,由体育学院汪俊杰老师执笔;第六章为音乐专业实习路线,由艺术传媒学院杨青老师执笔。全书由侯林春拟纲、统稿和定稿。

本教程可服务于地理科学、旅游管理、户外体育与营救、应急技术与管理、音乐采风、非遗传承、新闻传播、公共管理等专业的实践教学课程,亦可作为巴东县和其他地区政府部门人员的参考资料,还可作为面向社会的科普研学参考资料。

本教程的出版得到了中国地质大学(武汉)校长李建威、副校长王华的关心和鼓励,本科生院院长周建伟、副院长张建和和实习科科长章帆也给予了大力支持和帮助。巴东科教基地站长刘蓉和当时挂职于巴东的科技副县长邹宗兴,在路线选取和资料收集中,做了大量的协调和周到的后勤服务工作。在此,一并表示衷心的感谢!同时,编者对所有参与编写以及在出版过程中付出辛勤劳动的老师、同学和编辑致以衷心的感谢!

由于本书涉及内容相当广泛,尽管笔者长期从事实践教学和研究工作,但仍感觉编写水平有限,书中难免存在不足之处,敬请广大同行专家和读者批评指正。

侯林春

中国地质大学(武汉)

2024 年 7 月于岱家山下

目录

CONTENTS

第一章　绪　论 \ 1

　　第一节　巴东科教基地概况 \ 1

　　第二节　实习区社会经济与资源禀赋 \ 5

　　第三节　实习工具应用 \ 9

第二章　人文地理专业实习路线 \ 17

　　第一节　绿葱坡滑雪场 \ 17

　　第二节　黄土坡滑坡 \ 24

　　第三节　土店子村乡村振兴产业 \ 32

第三章　旅游管理专业实习路线 \ 40

　　第一节　巴东野外综合试验场 \ 40

　　第二节　神农溪纤夫文化旅游区 \ 45

　　第三节　巫峡口景区 \ 54

　　第四节　无源洞景区 \ 61

　　第五节　巴人河生态旅游区 \ 70

　　第六节　巴东野三关绿葱坡旅游度假区 \ 77

第四章　应急技术与管理专业实习路线 \ 81

第一节　基础地质认识实习 \ 81

第二节　地质灾害认识实习 \ 92

第三节　灾害事故应急处置与管理认识实习 \ 108

第五章　体育专业实习路线 \ 114

第一节　野外徒步与生存实习 \ 114

第二节　山地搜救实习 \ 119

第三节　山地个人救援实习 \ 126

第四节　山地团队救援实习 \ 139

第六章　音乐专业实习路线 \ 144

第一节　纤夫号子 \ 144

第二节　撒叶儿嗬 \ 146

主要参考文献 \ 150

第一章

绪 论

第一节 巴东科教基地概况

一、基地情况

巴东科教基地位于湖北省恩施土家族苗族自治州巴东县,坐落在长江之畔。其旧园区始建于2014年,于2017年投入运行,现为湖北巴东地质灾害国家野外科学观测研究站(图1-1)。新园区于2020年在巴东县信陵镇扬帆路85号动工,规划用地面积20.89亩($1亩 \approx 666.67m^2$),包含教学楼、办公楼、食堂、宿舍楼、运动场等。2022年7月,巴东科教基地正式投入使用(图1-2)。它先后接待中国地质大学(武汉)环境学院、工程学院、地理与信息工程学院、公共管理学院、艺术与传媒学院的师生,以及武汉理工大学、休斯顿大学、香港大学、湖北民族学院、北京工业大学、台湾大学、湖北科技学院、中国矿业大学、桂林理工大学等院校的师生。湖北巴东地质灾害国家野外科学观测研究站与巴东科教基地之间的直线距离约为2km。

巴东科教基地功能以保障性服务为主,主要服务于教学、科研与会务,建有丰富齐全的教学、科研、生活、娱乐设施,集食、住、行、学、研于一体,服务范围涉及餐饮、住宿、运输、实习、研学、科研、会务等多个领域,现已成为地质灾害、乡村振兴、旅游休闲等领域重要的教学、科研和学术交流基地。

二、教学资源

巴东野外综合试验场是国家野外科学观测研究站、全国科普教育基地,位于三峡库区巴东县黄土坡区域,是教育部"长江三峡库区地质灾害研究985优势学科创新平台"建设的关键工程,是集滑坡灾害防治、科研、教学及工程实践功能于一体的综合性野外基地,主要包括黄土坡滑坡地下试验隧洞群、地质灾害地表与地下监测系统、实验室与地质灾害信息平台

图 1-1　湖北巴东地质灾害国家野外科学观测研究站俯瞰图（刘蓉　提供）

图 1-2　巴东科教基地俯瞰图（刘蓉　提供）

3 个部分。巴东野外综合试验场建造在滑坡体内，主洞宽 5m，长 908m，内设 5 处支洞和若干观测窗口，科研人员在此可开展变形、地下水、微重力、地震、声发射等多物理场综合观测和原位试验工作。2018 年，巴东野外综合试验场被认证为中国产学研合作创新示范基地。

神农溪纤夫文化旅游区是国家 AAAAA 级旅游景区。神农溪是湖北省巴东县的一条常流性溪流，发源于神农架的南坡，由南向北穿行于深山峡谷中，于巫峡口东 2km 处汇入长江，全长 60km。

巫峡口景区是国家 AAAAA 级旅游景区，景区海拔约 1100m，扼守长江三峡巫峡入口。景区内包括灵芝仙台、玻璃栈道、巫峡云巅、观光索道等。巫峡口灵芝仙台是鸟瞰巴东新城全景制高点,是第四套五元人民币背景图案的取景点,在此可观巫峡云海,赏三峡红叶,摄峡江落日,俯视长江第一拐。

无源洞景区是国家 AAAA 级旅游景区,距离巴东县城 10km,集山、水、洞、峡、林、泉、古迹于一体,拥有巴东"古八景"中的两景——巴山夜雨和兀洞仙泉。景区内的无源洞水渠堪称巴东县"红旗渠"。景区为巴东千年古城遗址,被誉为"三峡之心·巴东门户"。景区功能设施完善,有停车场、游客中心、恒温泳池等。

巴人河生态旅游区是国家 AAAA 级旅游景区,位于湖北省恩施土家族苗族自治州巴东县茶店子镇朱砂土村 11 组,是北纬 30 度线上富有神奇色彩的河谷,被称为"男人阳刚之山,女人温婉之河"。景区由神奇的自然风光和丰富的人文景观组成,上、中、下三大景区,六大类,120 多个看点融为一体,主要有巴人河、情郎峰、龙隐宫、一道锁、二道锁、三道锁、白虎图腾等景点。

巴东野三关绿葱坡旅游度假区是巴东乃至恩施州避暑游、冰雪游的一张名片。巴东县正着力打造以冰雪运动为主的冰雪产业,以休闲避暑为主的康养产业和以蔬菜、茶、中草药为主的生态农业产业。绿葱坡滑雪场位于海拔 1800m 的"鄂西屋脊"恩施州巴东县绿葱坡镇,拥有占地约 2000m² 的 3 层游客中心,可同时容纳 2500 人滑雪,是华中区雪城面积大、设施配置级别高、雪道丰富、综合接待能力强的顶级滑雪场。场内设有不同级别的 9 条滑雪道,雪道总长度超过 5km,坡度差超过 20°,垂直落差 150m。

巴东寇准文化公园为国家 AAA 级旅游景区,位于巴东县城的西陵路与沿江路之间,是为纪念寇准在巴东任县令时的丰功伟绩而建设的。公园建筑风格典雅古朴,园内主要设有地藏殿、王爷殿、寇公祠等古建筑和特色民居,民居群中心设有开展民俗表演活动的文艺广场。园内景观有仿宋县衙大堂、秋风亭、寇公祠等。县衙内陈列了寇准任巴东县令时的县城遗址模型、寇准生平事迹介绍、寇准诗词文章、历代著名诗人咏巴东的诗词、传说故事及与寇准相关的文物。

这些资源都成为了巴东科教基地最具特色的教学资源,能充分满足各专业的实践教学需要。

三、硬件条件

巴东科教基地独特的教学科研体系、齐全的硬件设施和完善的后勤服务正吸引着越来越多的相关院校到此开展调研和野外实习教学,涉及的专业包括地理学、旅游管理、应急技术与管理、体育学、音乐学等,已有部分高校与巴东科教基地建立了长期合作关系。

1. 后勤保障设施

巴东科教基地的后勤保障设施齐全,配备到位,包括:标准化食堂 1 座,可容纳 300 人同时进餐,流水式用餐可供应 1000 余人次;学生公寓 3 栋(现已投入使用 2 栋),设有宿舍

120间,宿舍内空调、私人卫浴及桌椅设施齐全,教师宿舍为2人/间,学生宿舍为3人/间,可同时接待300余人入住;多媒体教室5间,多功能活动室1间,自习室1间,绘图厅1间,中小型会议室1间;自助洗衣机房1间;运动场1块,包含篮球场1个、羽毛球场1个、户外乒乓球桌4张;无线网络全覆盖。

2. 交通环境

巴东县位于湖北省西部,属恩施州管辖,地处大巴山东部,地理坐标为E110°04′—110°32′,N30°18′—31°24′,东邻秭归、兴山、长阳三县,西与重庆市巫山县接壤,南与五峰、鹤峰二县毗邻,北接神农架林区(图1-3)。巴东县主体呈南北向展布:南北最大长度达135km;东西最大宽度达43.5km,最小宽度为10.3km。

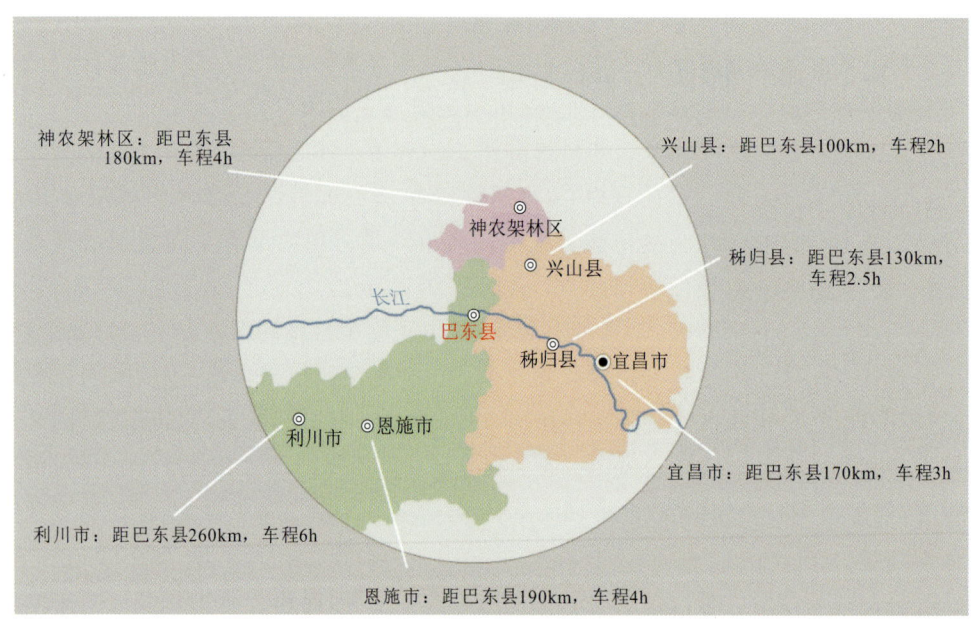

图1-3 巴东县与周边地区距离及车程一览图(巴东县自然资源和规划局 提供)

巴东县总面积为3 351.6km²。县城信陵镇位于长江南岸(右岸),为全县政治、经济、文化中心和渝东鄂西重要的商品、物资集散地,素有"川鄂咽喉、鄂西门户"之称。

境内交通便利,主要公路有G42、G209、G318,宜万铁路横穿野三关镇,还有长江、清江河道。其中长江河道西入巫山—重庆,东下宜昌—武汉、上海等,可谓为水路黄金通道。

巴东县距三峡工程坝址64km,沿江东下736km抵武汉,溯江西进538km至重庆,经巴石公路行驶190km可达恩施市。武陵山脉、巫山山脉、大巴山山脉余脉盘踞县境,长江、清江分割县地。2022年6月郑渝高速铁路开通后,巴东县到武汉市车程缩短至2.5h,出行更为便捷。

第一章 绪 论

第二节 实习区社会经济与资源禀赋

一、巴东县社会经济概况与战略定位

1. 巴东县社会经济资源概况

截至 2023 年 8 月,巴东县下辖 10 镇 2 乡,分别为信陵镇(政府驻地)、东瀼口镇、沿渡河镇、官渡口镇、茶店子镇、绿葱坡镇、大支坪镇、野三关镇、清太坪镇、水布垭镇、溪丘湾乡、金果坪乡,行政村 122 个,社区 37 个。巴东县东西最小宽 10.3km,南北长 135km,境内总面积 3 351.6km²。截至 2023 年末,全县户籍总户数 188 402 户,户籍总人数 47.52 万人。

据《2023 年巴东县国民经济和社会发展统计公报》,2023 年,全县实现地区生产总值 160.05 亿元,同比增长 5.6%。其中:第一产业 33.4 亿元,同比增长 4.3%;第二产业 39.24 亿元,同比增长 5.4%;第三产业 87.41 亿元,同比增长 6.1%。

2023 年,全县在业经营主体达 49 534 户,同比增长 11.8%。全年新增市场主体 8078 户,同比增长 14.1%,其中:企业 3271 户,同比增长 153.6%;个体 4715 户,同比下降 17.5%;农民专业合作社 92 户,同比增长 21.1%。

2023 年,全县居民消费价格同比下降 0.9 个百分点,八大类消费品价格同比呈现"五涨三跌":衣着类上涨 0.1%,教育文化和娱乐类上涨 0.3%,食品烟酒类上涨 0.1%,医疗保健类上涨 0.1%,其他用品和服务类上涨 2.8%;生活用品和服务类下降 1.4%,交通和通信类下降 5.7%,居住类下降 1.0%。

全年农林牧渔业总产值 62.00 亿元,同比增长 4.6%;实现农林牧渔业增加值 35.19 亿元,同比增长 4.5%。规模以上农产品加工业产值同比下降 8.8%,规模以上农产品加工业产值占农业总产值的比重为 12.6%。

2023 年末,全县规模以上工业企业 49 家,较 2022 年新增 9 家。全年累计实现总产值同比增长 6.3%,两年平均增长 2.8%。其中县属企业完成总产值的 0.2%,两年平均增长 11.1%。全年实现增加值同比增长 10.0%,两年平均下降 3.4%。实现工业产品销售率 97.8%。

全县规模以上工业产值完成情况分行业涉及 15 个种类。其中具代表性的:黑色金属矿采选业完成 0.17 亿元,同比下降 45.8%;非金属矿采选业完成 0.62 亿元,同比下降 42.3%;农副食品加工业完成 0.86 亿元,同比下降 46.3%;酒、饮料和精制茶制造业完成 1.40 亿元,同比下降 31.0%;纺织业完成 0.50 亿元,同比增长 71.4%;医药制造业完成 4.68 亿元,同比增长 30.7%;电力生产完成 13.88 亿元,同比增长 18.6%。

2023年,全县资质以上建筑业企业30家,较2022年增加2家。资质以上建筑业企业累计实现产值同比增长14.7%;全口径建筑业增加值11.98亿元,同比增长6.4%。

2023年,全县完成批发和零售业增加值10.87亿元,同比增长8.0%;交通运输、仓储和邮政业增加值6.53亿元,同比增长14.1%;住宿和餐饮业增加值3.98亿元,同比增长11.4%;金融业增加值8.54亿元,同比增长8.1%;房地产业增加值9.86亿元,同比增长2.9%;其他服务业增加值44.78亿元,同比增长4.6%。

全县公路里程6682km,其中等级公路里程4 417.89km,包含高速公路里程71km。公路货运量和客运量分别为160万t和110万人,水路货运量和客运量分别为111.51万t和63.26万人。物流企业22个。

2023年,全县累计完成地方财政总收入10.08亿元,同比增长7.9%,其中公共财政预算收入6.92亿元,同比增长12.8%。全年公共财政预算支出51.99亿元,同比下降3.1%。其中卫生健康支出3.80亿元,同比增长0.4%;教育支出8.81亿元,同比增长0.6%;文化旅游体育与传媒支出0.91亿元,同比下降1.0%。

2023年,全县累计接待游客1 114.50万人次,同比增长26.2%。旅游综合收入80.39亿元,同比增长46.3%。AAA级及以上旅游景区景点7个,星级饭店2个,星级客房599间。

2. 巴东在区域产业发展中的战略定位

根据《恩施州避暑康养产业发展规划(2022—2035年)》,至2035年,围绕"世界级旅游目的地"大旅游发展目标,立足全域一盘棋,整合发展之力,系统实施"避暑康养+"战略,延展产业链条,壮大产业集群,夯实发展载体,提升品牌张力,将恩施州打造成融避暑度假、健康养生、康复疗养、养老旅居等功能于一体的世界康养旅居之都(图1-4)。在全州合力打造"世界康养旅居之都"战略之下,统筹八县市资源特色与发展潜力,培育形成"硒养恩施·爽养利川·闲养巴东·和养建始·乐养宣恩·寿养鹤峰·森养咸丰·文养来凤"八大子品牌,促进差异化、特色化发展。

巴东县位于恩施州西北部,在宜万-沪渝避暑康养走廊上,属于绿野秘境避暑康养区。独特的区位条件和资源禀赋,使得巴东县在区域发展格局中具有特殊的战略定位。

二、巴东县地貌特征与资源禀赋

1. 地貌特征

巴东县处于新华夏系一级隆起带的第三隆起带,长江中下游东西向构造带和淮阳"山"字形西翼反射弧3个构造体系的交会处,县境南北狭长,长江和清江横贯东西,境北有大巴山余脉盘踞,中有巫山山脉延伸,南有武陵山余脉峙立,构造格局复杂,西高东低,南北起伏,

第一章 绪 论

图 1-4 恩施州避暑康养空间布局优化(巴东县自然资源和规划局 提供)

地表崎岖,山峦起伏,峡谷幽深,沟壑纵横,是典型的喀斯特地貌。全县最高点小神农架的海拔为 3005m,最低点红庙岭长江边的海拔为 66.8m,最大相对高差 2 938.2m,全县平均海拔为 1 089.3m;其中,海拔 1200m 以上的高山区占总面积的 37.09%,800～1200m 以上的中山区占总面积的 33.07%;地表平均坡度 28.6°,其中 25°以上的陡山区占总面积的 66%,地形以山地为主。

2. 气候资源

巴东县位于亚热带季风区,温暖多雨,湿热多雾,四季分明,光、热、水分布垂直差异明显,形成各种不同的山地型小气候。海拔每升高 100m,平均气温下降 0.62℃,无霜期减少 5～7d;太阳辐射总量处于全国低值区,年平均 88～99kcal/cm^2,年日照总时数在 1200～1650h 之间;无霜期最长为 311d,最短 173d;年平均降水量为 1100～1900mm,降水多集中在每年的 4—9 月;年风速偏低,平均风速 1.5～3.4m/s,多为偏东风和偏西南风,北风、西风频率低。

3. 水电资源

巴东县地域辽阔,山川纵横,水资源充足,温湿多雨。区内以亚高山雨洪区的降雨最为丰富,多年平均降水量为 1 584.5mm,中山向亚高山过渡带的雨洪区多年平均降水量为 1 538.1mm。县内注入长江的一级支流主要有 5 条,即沿渡河、东瀼溪、万福河、莲峡河和庙坪河。县境内长江最低水位 135m,常年水位 145m,蓄水期最高水位 175m。

巴东县水能资源极为丰富，境内除长江、清江横贯外，还有河流10条、小支流68条，径流量为33亿 m^3，蕴藏量为173万 kW，可开发量为164.3万 kW。发源于神农架南麓的神农溪水系，由于落差集中，流量稳定，水源充沛，是全县水电资源开发的重点区域。

4. 矿产资源

巴东县的矿产资源分布相对集中，已知矿产有金属、非金属矿产共23种。无烟煤储量居全省第一，是中国100个重点产煤县之一。煤炭总储藏量10 239万 t，发热量达5000～7000kcal/kg，主要分布在麻沙坪、辛家、麂子岩和宝塔河等地。铁矿资源现已探明有大型铁矿1处、中型铁矿4处、小型铁矿2处，总储量2.1亿 t。硅石矿点多，已探明2处，其储量均在亿吨级别以上，层厚达26～48m，二氧化硅含量达96%～98%，矿石大部分裸露。石灰石分布广，品位高，储量大，分布面积为358万亩，占全县总面积的60%，总储量达10亿 t，氧化钙含量达50%。此外，巴东县还有方解石、白云岩、大理石、石板材、石膏、磷、钾等矿产资源。

5. 土地资源

县域内共有10个土类、20个亚土类、52个土属、235个土种。地带性土类为黄棕壤、棕壤和暗棕壤。在海拔500m以下的区域，土壤多由紫色砂页岩发育而成的紫色土组成，质地中壤偏黏，土壤保水保肥能力差，土层瘠薄，容易造成水土流失；在海拔500m以上的区域，土壤多由石灰岩发育而成的黄壤组成，质地黏性，厚度多在50～70cm之间，pH值在6.5～8.0之间。

6. 生物资源

巴东县气候立体，土壤类型多样，适宜动植物生长，因此巴东生物资源尤为丰富。县境内已知各类植物约160科734属近2000种。巴东是中国古银杏群落之乡，现有银杏221万株，百年以上古树601株（数据截至2011年）。巴东生物资源繁多，河谷地带建立了柑橘生产基地，被誉为全国锦橙县，低山和二高山是油桐、乌桕的重点产区。巴东县现存的动物种群共193种，其中兽类共有7目20科556种，鸟类共有12目28科109种，两栖爬行类有4目13科29种。县内国家重点保护动物、一级保护动物有2种，二级保护动物有40种，省级保护动物大约有140种。

7. 农业特色资源

巴东县拥有大面积的中药材GAP种植基地。全县野生、半野生和栽培药用植物430多种，仅国家挂牌收购的就有177种，如天麻、壮细辛、头顶一颗珠、江边一碗水、文王一支笔、七叶一枝花等。巴东盛产神农香菊，香料含量高达5%，其花、叶、茎、根都含有浓郁而独特的芳香化合物，可以加工成香精、浸膏、芳香油，可以用于制作化妆品、皂用增香剂、饮料添加剂，有清热、解毒、杀菌、消炎等功能，经上海、武汉厂家研制命名为"神农香"。

8. 文化遗产资源

巴东县是文物大县,历史源远流长。巴东县现有各级文物保护单位共计115处(按最高级别计,省级文物保护单位8处、州级文物保护单位8处、县级文物保护单位99处),不可移动文物点325处。经国家组织的考古研究所和博物馆、文物科研单位、高校等百余家考古队数年的考古发掘和古建筑的测绘、搬迁复建,巴东县博物馆馆藏文物标本达3万余件,巴东县出土了7000多年前的新石器时代至明清时期的陶器、玉器、巴蜀文化铜器、瓷器等珍贵文物和标本,其中不乏国家珍贵文物精品。

全县已有36个项目入选国家、省、州、县四级非物质文化遗产保护名录,其中《巴东长江峡江号子》已被国务院列入第二批国家级非物质文化遗产保护名录,《巴东土家撒叶儿嗬》《巴东堂戏》《寇准的故事》《土家族民间历法》《石工号子》《巴东五香豆干制作技艺》《三峡老窖酒传统酿造技艺》《三峡传说》被湖北省人民政府列入省级非物质文化遗产保护名录。全县共有国家级非物质文化遗产保护项目1个,省级非遗保护项目5个,州级非遗保护项目10个,县级非遗保护项目20个。目前全县有省级代表性传承人7人,州级代表性传承人8人,县级代表性传承人12人,先后有8位民间老艺人被州委州政府授予"民间艺术大师"称号。

第三节 实习工具应用

一、罗盘

1. 罗盘的结构

罗盘的结构如图1-5所示。各部分的名称和作用:①短瞄准器,用于瞄准目标;②长瞄准器,用于瞄准目标;③圆刻度盘(水平刻度盘),测量目标的方位角值;④倾角正切百分值,对应坡角显示正切值的百分数;⑤测斜指示针(坡度锤),结合长水准器测量坡角或倾角,另外,测斜指示针上标示的刻度60-0-60,其作用类似于游标卡尺,把坡度测量精度精确到10′;⑥北针,始终指向正北方;⑦磁针制动器,控制磁针转动;⑧反光镜,使目标映入镜中,便于瞄准目标;⑨磁偏角矫正指针,结合罗盘侧面磁偏角矫正螺丝矫正磁偏角;⑩南针,始终指向正南方;⑪长水准器,结合坡度锤测量坡角或倾角;⑫圆水准器,指示仪器的水平位置;⑬半圆刻度盘(垂直刻度盘),测量目标倾角值;⑭瞄准窗,透过此窗瞄准目标;⑮中线,通过使观察目标反映到中线上,保证目标、瞄准器和中线在一个直线上;⑯小瞄准器,用于瞄准目标。

1. 短瞄准器;2. 长瞄准器;3. 圆刻度盘(水平刻度盘);4. 倾角正切百分值;5. 测斜指示针(坡度锤);6. 北针;7. 磁针制动器;8. 反光镜;9. 磁偏角矫正指针;10. 南针;11. 长水准器;12. 圆水准器;13. 半圆刻度盘(垂直刻度盘);14. 瞄准窗;15. 中线;16. 小瞄准器。

图 1-5 罗盘的结构(侯林春和熊媛 绘制)

2. 罗盘的用途

(1)校正磁偏角。查询所在地的磁偏角,用随机附带的小起子拧罗盘侧面的磁偏角矫正螺丝,使圆刻度盘转动至磁偏角度数即可(若地形图上标注了子午线收敛角,则在校正时再加上这个角)。如秭归的磁偏角约为北偏西 3°,则顺时针方向拧磁偏角矫正螺丝,使磁偏角矫正指针指向 357°。

(2)测量方位角。方位角即测定目的物与测者间的相对位置关系。测量时放松制动螺丝,使长瞄准器指向待测物,同时使圆水准器气泡居中,待磁针静止时指北针所指度数即为待测物的方位角。

方位角:从标准方向的北端起,顺时针方向到目标方向线的水平角称为该方向的方位角。方位角的取值范围为 0°～360°。方位角包括真方位角、磁方位角和坐标方位角。

真方位角:某点指向北极的方向线叫真北方向线,也叫真子午线。从某点的真北方向线起,依顺时针方向到目标方向线间的水平夹角,叫该点的真方位角。测量方位角的正确姿势如图 1-6 所示,一般读罗盘的北针。如测真方位角为 200°,方位角 200°的几何意义就是从正北方向(0°或 360°)开始,顺时针旋转 200°的指向(图 1-7)。

(3)测量岩层的产状要素。

A. 测走向(AB/BA)。岩层走向即岩层层面与水平面交线的方向。将罗盘上盖打开到极限位置,使罗盘上与 0°～180°(S—N)方向平行的一边底棱与层面紧贴,转动罗盘至圆水准器气泡居中,待磁针静止,读出指针(读北针、南针均可,一般读北针)所指的度数,此度数即为岩层的走向。如 30°与 210°均可代表该岩层的走向。一般先测出岩层倾向,再加减 90°,也可得到走向(图 1-8)。

第一章 绪 论

图 1-6 测量方位角
（侯林春 摄）

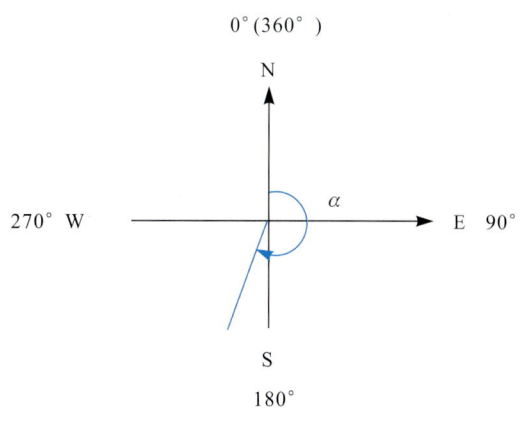

图 1-7 方位角 200°的物理意义
（侯林春和熊媛 绘）

B. 测倾向（CD'）。岩层倾向即岩层层面面向的那个方向，用方位角表达，且在水平面上与岩层走向垂直。将罗盘的北针指向岩层的倾斜方向，即将罗盘上与 90°～270°（E—W）方向平行的一边底棱和走向线重合，或用上盖背贴紧岩层层面，转动罗盘至圆水准器气泡居中，待磁针静止，北针所指的度数即为岩层的倾向。若在测量底面时读北针有障碍，则用罗盘南端紧靠岩层底面，重复以上操作，读南针亦可。

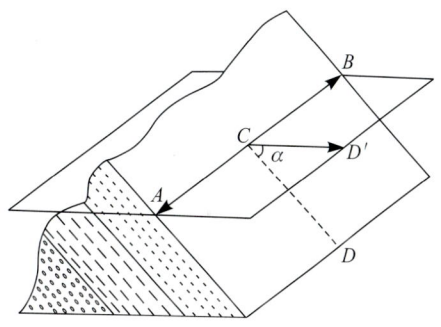

图 1-8 走向（AB/BA）、倾角（α）和倾向（CD'）（侯林春和熊媛 绘）

C. 测倾角（α）。岩层倾角即岩层层面与假想水平面间的最大夹角（真倾角）。当测量完倾向后把罗盘翻转 90°，使罗盘 S—N 方向的一个侧边紧贴在层面上，与走向线垂直，转动罗盘底盘面（坡度锤）的手把，保持长水准器气泡居中，坡度锤上游标所指的半圆刻度盘上的度数即为倾角度数。

D. 罗盘与地形图在野外的配合使用。将罗盘 S—N 方向的一个侧边与地形图图框的南北方向平行，再轻轻放松磁针，同一方向转动地形图和罗盘直至罗盘北针指向北极，则此时地形图就与实际方位一致了。此时，可以先根据地形地物法判断自己在地形图上的大致位置，再根据后方交会法精确定位自己在地形图上的位置。

二、野簿

野簿，全称为野外记录簿，专门用来记录野外地质现象的观测结果，是野外地质工作中规定用来承载原始资料的最重要载体。记录人员有责任客观、准确、清楚地将野外观察内容记录在专用的野簿上。野簿记录内容的质量好坏关乎地质工作能否进一步进行,并且能反映记录人员工作作风和科学态度的好坏。

1. 构成

野簿有50页和100页两种基本规格。通常,野簿的内封皮为责任栏目,第1、第2页为目录,其后为野簿记录页。在责任栏目,记录人员须明确无误地填写清楚相关信息,以明确责任人,且为查找提供方便。目录可以随野外工作的开展随记随写,也可以在完成所有工作后统一编写。野簿记录页用来记录野外观测的文字和图像信息。

在中国地质大学(武汉)统一制定的野簿中,记录页由文字描述页和方格坐标纸页构成。文字描述页主要用于记录野外作业观测到的信息,包括以下4个功能区:

(1)页眉区。位于文字描述页上方,专用于记录当天工作地点和日期等信息。

(2)左批注栏。位于文字描述页左侧的竖直通栏,常用于编录当天目录或注释。

(3)文字记录栏。位于文字描述页中部,记录描述正文。

(4)右批注栏。位于文字描述页的右侧,专用于补充、修订或更正描述正文。

方格坐标纸页主要用于野外素描绘图,配以补充文字描述,使工作记录更加翔实。

野簿后面有时还附有常见矿物的相对密度、三角函数表、常用计算公式和倾角换算表等内容。

2. 使用规范

野簿记录应客观、准确、清楚,在野外应先仔细观察再做记录,一般使用2H型号铅笔书写。野外少记、回到室内凭印象补记、使用不规范的铅笔记录都是不规范的。在离开记录的地质点后,野外地质记录正文是不能涂改的。实习用野簿应妥善保管,不得缺页或遗失。

若工作项目涉及范围大、工作时间长,还应当制定完善的野外地质编录规划和野外地质编录分配方案。

3. 文字记录格式

野簿的记录是随着野外地质观测路线的开展,记录下路线上每个观察点上的观测内容。野簿文字记录内容主要包括路线、任务、参加人员和每个观察点内容等信息。

每条路线的开始都要求单独另起一页记录。在该页页眉写上当天的日期、星期、天气和工作地点,接着写清楚路线、任务、参加人员,再依次在每个观察点中记录点号、坐标和GNSS、点位、露头、点义、描述等内容。

点号:所有的观察点都要连续编号,另起一行在行内居中处画一个长方形框,在框内记录点号,采用"No."后接阿拉伯数字的形式,如No.23。

坐标和GNSS:另起一行记录,利用北斗卫星导航系统定出或在地形图上读出观察点的坐标和高程。

第一章 绪 论

点位:另起一行简述确定该地质点的位置。每个观察点位置可以根据地质图或附近标志明显的地貌、人工参照物来确定,山峰、垭口、沟口、小路分岔、路标、桥梁等都可以用来做参照物,且可以记录多个参照物来明确观察点,如 334 省道 39km 处、黄陵庙 4 组东头 5km 处、陡山头渡口旁边。每个观察点的位置和编号都需要在地质图上标示出来。

露头:另起一行,从性质(天然/人工)和露头程度(差/一般/良好)两个方面加以评价。

点义:另起一行,简述定点观察的地质意义。可以是地层界线点、岩性分界点、岩性控制点、构造观察点、水文地质点等。

描述:观察点的布置一般选择重要的地质界线,如地层单元内部或彼此之间的接触界线、侵入体与围岩的接触界线、侵入体内部的岩相分界、断层等,也可以是构造如褶皱转折端和节理统计处、化石、矿化点等。要尽可能详细地描述地质现象,内容包括地质现象的组成、岩石学特征、地质时代、形状和规模等多个方面。此外,还要测量地质体的产状和尺度,画地质素描图或照相,采集岩石或化石标本。所采集的岩石和化石标本也要分别统一编号,将编号登记在每个观察点描述的后面,并且用记号笔或红蓝铅笔在标本上进行标记。

通常,描述记录中有几项"不能少":①岩性描述不能少;②产状不能少;③标本不能少;④地质素描图或照片不能少;⑤接触关系及依据不能少;⑥信手地质剖面图不能少;⑦点间连续描述不能少。

观察点上所有的描述都记录在划线页中间,即两条竖线之间,地层代号写在左侧,标本编号写在右侧。每个观察点描述完毕后,要空一行再接着描述下一个观察点。

此外,在一条路线结束后一般要做路线小结。路线小结是对该条路线的长度、素描、照片、标本、地质点数、地层、构造、岩性等的总结,还可以写上实习中存在的问题和建议。注意不要写无关的东西,无须用华丽的辞藻。

4. 地质素描图绘制规范

地质素描图是一种非常实用、形象直观的记录方式,与文字描述相辅相成。野外常用的几种素描图主要有断面素描图、景观素描图、平面示意图和信手地质剖面图,还有露头素描图、标本素描图等。有时候,大堆的文字描述还不如一张简图那么明了、直观。地质素描图必须是自明和完整的,除了图本身外,还要有图名、图例、方向、比例尺和可能的简单说明。

地质素描图所描绘的对象可以是露头上的断层、褶皱、地层接触关系,也可以是化石、沉积构造等。它要求通过细致地观察和分析地质现象,抓住地质现象的本质特征,用简洁的线条表示出所要揭示的地质现象。因此,地质素描图的绘制往往超出了描绘本身的内涵,带有不同程度的地质分析和解释(图 1-9)。

1)绘制规范

地质素描图的绘制由众多要素构成,这些组成要素须遵循一定规范。图上内容应包括图名,剖面方向,比例尺(一般要求水平比例尺和垂直比例尺一致),地形的轮廓,地层的层

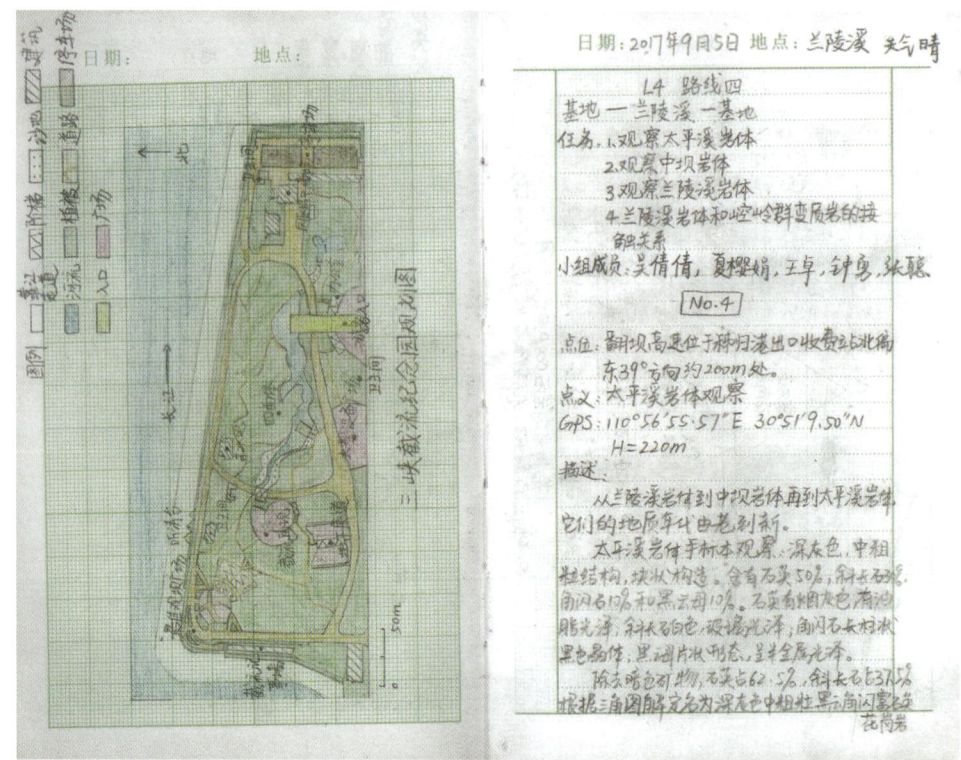

图1-9 野簿文字记录格式与地质素描图示例(吴倩倩 制;侯林春 核)

序、岩性、代号、产状,岩体符号、出露位置,断层位置、性质、产状等。以下几点需要特别注意。

(1)剖面方向。所有的剖面图都需要标明方向(方位),实测剖面更需要注明每一个明显转折点及其方位(例如135°)。一般图件方位角可以45°(例如NE、SW)或90°(例如E、W)为准。一个剖面通常只需注明一个总体的大(致)走向,例如NW30°(或N30°W,表示北偏西30°,即330°)。

(2)地层界线。图上每一根线条、每一个符号都有确切的地质含义和表达规定,不可随意乱画。例如:横线表示上下层位的叠置关系;斜线表示侵蚀切割、构造错断;梭状线表示透镜体、地层尖灭;垂向锯齿状线表示水平相变(多个透镜体叠置)等。

(3)图例符号。地层剖面岩性需用标准图例注释,可参考国家标准《区域地质图图例》(GB/T 958—2015)。

(4)作图比例。非实测图件没有严格规定,以表达清楚为准,但是始终应该保持相对的比例关系。通常采用局部放大或垂向放大,以保证重点突出和清晰。

2)基本步骤

(1)选定素描对象的范围,确定景物在画框内的位置。

第一章 绪 论

（2）安排主要对象和次要对象的大小比例及其相对位置关系，并在图框内勾画出大致范围。

（3）勾画景物（或地质体）的轮廓线，主要抓外形轮廓，如山脊、陡崖、河床、阶地、层面、断面等。

（4）在轮廓基础上绘制突出地质现象的点或线，标出地层层序的符号和代号。

（5）适当画些背景或衬托物，使地质素描图更加清晰美观。

（6）估算比例尺，标出方位、图名、图例和地物名称。

三、地形图

1. 一般特征

地形图是将地形、地物依据设定的比例按一定的方法投影在平面上，反映地形起伏变化的图件。它是地表地形、地物空间位置的实际反映。地形图按比例尺可分为大比例尺地形图（大于1∶5万）、中比例尺地形图（1∶5万～1∶25万）、小比例尺地形图（小于1∶25万）3个类别。地形图是重要的国家机密图件，必须依法使用，并承担相应的保管责任。它也是野外地质工作者的向导，还是野外收集原始资料和最终地质成果的重要载体。

地形图上地形的起伏变化通常用等高线来表示。等高线具有以下几个特点：①同线等高；②自行封闭；③在同一张地形图内，相邻两根等高线之间始终存在一个恒定的垂直高差值，即等高距。因此等高线不能相交，不能合并（除悬崖、峭壁外）。在地形图中，不同地形的等高线所表示的疏密和弯曲样式不同。

（1）山峰。等高线表现为一组近似于同心状的闭合曲线，且等高线的高程注记数值从里向外依次递减。

（2）盆地（洼地）。等高线表现为一组近似于同心状的闭合曲线，等高线的高程注记数值从里向外依次递增。

（3）山脊、山谷和山坡。山脊等高线表现为一组向递减方向凸出的曲线，每一条等高线改变方向处的连线就是山脊线。山谷与河谷的等高线表现为一组向递增方向凸出的曲线，曲线改变方向处的连线就是山谷线。山谷和山脊之间的侧面就是山坡，等高线表现为一组近于平行的曲线。

（4）鞍部。两山头之间的低洼处，形似马鞍，其等高线特征是一组双曲线。

（5）绝壁。从实际地形来看，它是近于直立的垂直面，由于不同高程的等高线经垂直投影后合为一体，只能用规定的绝壁符号表示。

（6）陡坡和缓坡。陡坡等高线距较密，而缓坡等高线距较稀。

2. 读地形图

地形图是野外作业必备的基础资料，用好地形图首先要读懂地形图上的内容。读图的

巴东科教基地多学科综合实习教程

目的是了解、熟悉工作区的山川地貌和道路村庄的分布情况,以便于制订适合该地区野外地质工作的计划和路线。这样既能保证野外地质工作的安全,又有利于保证野外地质工作的质量,取得最好的工作效果。读地形图的一般顺序是先图框外,后图框内,具体步骤如下。

(1)读图名。图名位于图幅的正上方,通常以图内最重要的地名来命名,如某地区1∶1万地形图就被命名为《陶家溪幅》,地形图标号为 H-49-43-(41)。

(2)了解比例尺。从比例尺可以了解图幅面积的大小、地形图的精度及等高距,比例尺一般用数字或线条表示。

(3)地形图的图幅位置。地形图上坐标经线表示地理南北方向,纬线表示地理东西方向,从图幅上所标注的经纬度可以了解地形图的地理位置。在图幅的左上角标有接图表,表示其与相邻图幅的位置关系。

(4)读磁偏角。不同的地区有不同的磁偏角。在开始野外地质工作前,首先要校正罗盘的磁偏角,以便罗盘测出的方位与实际的地理方位一致。

(5)读图例。图例一般标在图框的右侧,用不同的符号表示图内不同的地形、地物或特殊标志物。

(6)了解绘图时间。一般标注在图框外的右下角。随着制图技术的发展,时间越晚,图件制作的精度越高。

第二章

人文地理专业实习路线

第一节 绿葱坡滑雪场

路线:基地—绿葱坡滑雪场—基地。

任务:①了解滑雪场的选址与布局;②了解绿葱坡旅游度假区运营对乡村振兴的拉动作用;③分组对游客和住户开展调查。

点位:巴东县绿葱坡滑雪场。

GNSS:N30.809 0°,E110.248 8°,$H=1674$m。

知识链接

冰 雪 经 济

党的十八大以来,以习近平同志为核心的党中央高度重视冰雪运动和冰雪经济发展,把筹办北京冬奥会、冬残奥会作为"国之大者",并作出一系列重要指示批示,指明了冰雪运动和冰雪经济发展的目标定位和实践要求。党的二十大报告提出"广泛开展全民健身活动,加强青少年体育工作,促进群众体育和竞技体育全面发展,加快建设体育强国",为后冬奥时期冰雪运动和冰雪经济发展提供了根本依据。推动冰雪经济高质量发展,是实现中国式现代化的有效途径,是构建新发展格局的现实选择,是开创体育强国建设新局面的必然要求。

冰雪经济是主要借助冰雪资源进行发展的一种经济模式,包括与冰雪活动相关的多方面产业,从造雪、压雪等机械设备制造,到体育服装、器材生产,再到运动健身、休闲康养、技能培训,集聚了大量资源。它具备长产业链的发展特征,能够促进区域经济增长。近年来,冰雪运动成为越来越多中国人的生活方式之一,冰雪产业展现出广阔前景,在"冰天雪地也是金山银山"理念的指引下,冰雪"冷资源"已经成为国内各地发展的"热经济",先后有26个省份出台促进冰雪运动和冰雪产业发展方面的专项政策。与此同时,冰雪市场主体不断涌现,成为直接推动冰雪产业发展的重要力量。

滑雪场选址的条件和要求

气候:在12月上旬满足造雪条件。
地形:海拔、朝向、坡度、平坦区域满足雪场要求。
水源:要求靠近水源,造雪高峰用水量达8万~10万 m^3。
交通:路况好,交通方便,离高速路口、火车站近。
电力和燃气:满足雪场经营需要。
毗邻集镇:尽量靠近集镇,具备生活和医疗配套设施。
知名度:知名度越高,越利于滑雪场宣传和推广。
配套建设用地:利于完善雪场配套设施,如酒店、房产和其他休闲娱乐配套等,形成规模效益。

滑雪场等级

依据《滑雪旅游度假地等级划分》(LB/T 083—2021),滑雪旅游度假地被划分为2个等级,从高到低为国家级滑雪旅游度假地、省级滑雪旅游度假。表2-1为国家级滑雪旅游度假地和省级滑雪旅游度假地的部分评定条件。

表2-1 国家级滑雪旅游度假地和省级滑雪旅游度假地的部分评定条件及其差异

滑雪场条件	国家级滑雪旅游度假地	省级滑雪旅游度假地
核心区面积/km^2	≥20	≥5
山地垂直落差/m	≥350	≥300
雪道面积/hm^2	≥100;拥有适宜比例的初级、中级和高级雪道面积	≥25;拥有适宜比例的初级、中级和高级雪道面积
核心区日最大接待游客环境容量/人	≥5000;具备举办单项或综合国际滑雪赛事的条件	≥3000;能举办国家级滑雪赛事
单雪季游客人数/万人次	≥20	≥10
综合服务	应有滑雪学校,不同级别的滑雪指导员应≥300人;核心区可用于租赁的滑雪器材装备数量应≥2500套;提供常用外语服务等	应有不同级别的滑雪指导员,数量应≥100人;核心区可用于租赁的滑雪器材装备数量应≥2000套;提供1种或1种以上的外语服务等
基础设施	拥有抵达核心区的便捷公共交通;区域内公共卫生设施设置合理,核心区厕所应达到《旅游厕所质量要求与评定》(GB/T 18973—2022)规定的AA级及以上标准等	有抵达核心区的公共交通;区域内公共卫生设施设置合理,核心区厕所应达到《旅游厕所质量要求与评定》(GB/T 18973—2022)规定的A级及以上标准等

第二章 人文地理专业实习路线

湖北省滑雪场现状

湖北省冰雪场地数量在南方省份中排第四,共计32家,其中12家滑雪场都分布于平原地区,20家滑雪场(包括4家模拟滑雪场)主要分布在山地、高海拔地区。从空间分布来看,湖北省冰雪场地分布呈现一定的聚集性。

湖北省发展冰雪运动的优势主要是地理位置好,交通便捷,环境与气候独特,以及经济与市场强大;外部带来的发展机遇是北京冬奥会的成功申办与举办;因国家与地方政府对冰雪运动的支持,湖北省与国家体育总局签订了冰雪战略合作协议。

湖北省发展冰雪运动的关键制约因素:雪期短,专业人才匮乏,社会基础薄弱,冰雪人口转化率低,国内外冰雪优势地区的影响和群众体育多元化需求等。

一、区域概况

1. 巴东县绿葱坡镇现状简介

巴东县绿葱坡镇位于长江以南、清江以北,巴东县中部,东邻宜昌秭归县,距信陵镇45km,距清江水布垭大坝70km,距恩施市145km。G209、巴鹤公路及巴野公路贯穿全镇。根据第七次全国人口普查数据,截至2020年11月1日零时,绿葱坡镇常住人口为16 195人,城镇人口为3156人,城镇化率为19.49%。

以前,受限于气候及地势条件,绿葱坡镇经济发展以传统农业种植为主,产业结构单一,经济带动作用不强。2002年以来,全镇高山地区利用高山气候特征,着力打造高山品牌蔬菜,并开始引进高山蔬菜的生产加工企业,推动了第二产业的发展。2017年,随着巴野公路的开通,特色小镇也进入建设阶段,全域以高山旅游及体验为主的第三产业也有一定起色。截至2019年末,绿葱坡镇有工业企业8个,营业面积超过50m^{2}以上的综合商店或超市95个。

2. 绿葱坡发展定位

结合全域资源禀赋,发挥气候优势及区位优势,将绿葱坡镇打造成以高山体育及休闲旅游项目为发展龙头和以高山特色种植及富硒农产品加工为发展基石的华中地区特色示范乡镇。目前,巴东县绿葱坡田家坪水利风景区(图2-1)包括绿葱坡旅游度假区、田家坪水利运动区、田家坪乡村休闲区、云顶之心森林康养区4个区域,定位以冰雪度假、滨水运动、森林康养、乡村休闲四大板块为主。

依托良好的自然资源、独特的气候条件,绿葱坡镇大力发展高山体育运动、休闲度假旅游、生态自然旅游和康体养生旅游,打造宜居宜游的新乡镇。优化农业产业结构,重点发展

图 2-1　巴东县绿葱坡田家坪水利风景区信息牌

高山蔬菜、特色种植,引进农特产品加工企业,加快推进高山产品的加工生产。统筹镇村发展,加快推进城乡居民生活水平向富裕阶段迈进,将绿葱坡打造成华中地区的特色示范乡镇。

绿葱坡镇的城镇职能定位为以高山体育运动、生态居住及旅游服务业为主的特色城镇。

3. 绿葱坡滑雪场的基本条件

绿葱坡滑雪场(图 2-2)是目前华中地区面积最大、配套设施最完善、接待能力最强的滑雪场,位于巴东县绿葱坡田家坪水利风景区东北部。其基本条件如下。

位置和面积:位于巴东县绿葱坡镇,总面积约 15 万 m^2。

交通:距沪渝高速出口 47km,下高速 75min 可到达;距巴东火车站 58km,下火车 90min 可到达(巴野公路与绿葱坡镇之间规划 10km 战备公路,修通后整体可再缩短半小时车程)。

气候:夏季平均气温为 19℃,冬季平均气温为 -0.1℃,湿度为 85%,年降水量为 1800mm。绿葱坡滑雪场位于山体阴坡,受阳光直射时间短,冰雪消融慢,因此雪道的雪能相对存在较久。

海拔:最低点海拔为 1600m,最高点海拔为 1730m。

雪道:具有初级、中级、高级各类型难度的雪道 9 条,最大垂直落差达 130m,雪道总长达 5km,目前不支持进行专业比赛。

水源:滑雪场雪道下方有蓄水量较小的水池保证生活和造雪,且附近有2022年建成的田家坪水库(图2-3),水库总库容约为57万 m³,水量比较充足。

营业时间:一般为每年12月10日至次年3月1日,营业时间在80d左右。实际上,虽然绿葱坡滑雪场雪道的雪到每年的四月份才融化完,但为了保证更好的滑雪体验,三月初滑雪场就不再对外开放了。

游客人数:每日接待游客约5000人,年超30万人,游客大都来源于附近城市。

配套设施:滑雪场拥有专业级进口滑雪双板、单板、雪鞋3500套。滑雪场附近商业配套齐全,有集镇、医院、商超、学校、餐饮店、体育场馆、娱乐场所等。

图2-2 夏季的绿葱坡滑雪场(侯林春 摄)

图2-3 田家坪水库(侯林春 摄)

4. 湖北省各滑雪场的参数对比

湖北省主要滑雪场的参数对比见表2-2。

表2-2 湖北省主要滑雪场的参数对比

滑雪场	雪场规模/万m³	经营期限/d	自然条件及气候				交通条件		
			海拔/m	降水量/mm	冬季平均气温/℃	湿度/%	与武汉的距离/km	火车(到武汉)/h	汽车(到武汉)/h
恩施绿葱坡滑雪场	10～15	60	1500～1700	1800	-0.1	85	约460	火车3,转汽车1.5	6
神农架国际滑雪场	4～10	90	2000～2200	1600	-4.0	80	约530	火车2.5,转汽车4.5	8
湖北英山大别山南武当滑雪场	3～4	45	900～1200	1800	0.5	80	约200	—	3

交通：恩施绿葱坡滑雪场优于神农架国际滑雪场，劣于湖北英山大别山南武当滑雪场。

自然条件及气候：恩施绿葱坡滑雪场优于湖北英山大别山南武当滑雪场，劣于神农架国际滑雪场。

知名度：神农架国际滑雪场优于恩施绿葱坡滑雪场和湖北英山大别山南武当滑雪场。

5. 绿葱坡旅游度假区的四季公园

冬季大雪纷飞，绿葱坡旅游度假区银装素裹，优美如画，吸引无数游客前来体验冰雪运动。随着建设的不断完善，绿葱坡旅游度假区(图2-4)内不只有滑雪场，它的四季公园同样引人入胜。这里，春可闻山花飘香，夏可沐凉风送爽，秋可赏五色山林，冬可望松柏傲雪。绿葱坡的立体气候十分独特，全年平均气温为7.8℃，夏季平均气温仅为19℃，非常适合进行避暑休闲旅游。除此之外，绿葱坡旅游度假区内利用独特条件发展花草农业，建设有药材花材蔬菜种植基地和山顶露营基地。

凭借高山气候和"天然氧吧"的优势，绿葱坡旅游度假区的避暑康养产业、房地产业发展繁盛，楼房坐北朝南，距滑雪场近，紧邻集镇使它拥有完善的配套设施，区位条件极佳，夏季可前来避暑，冬季滑雪也很便捷。房地产业的客户群体来源以湖北省内为主，如武汉、荆州、宜昌、巴东、黄冈、十堰等地，而省外如广州、珠海、上海等地也有客户，甚至还吸引了部分国外客户。游客们因滑雪场而慕名前来，又因四季避暑康养而留下。

因绿葱坡冬、夏两个季节的风光截然不同，前来游玩的游客群体同样有着显著的季节差异。冬季以冰雪运动为主,吸引的游客大多为年轻群体,且停留时间为1~3d,住宿选择为酒店或者民宿;而夏季以避暑康养为主,吸引的游客多为中老年人,停留时间较长,在一周及以上,且大多在此置办了房产。

图2-4 绿葱坡旅游度假区(候林春 摄)

二、价值

1. 绿葱坡旅游度假区对当地农民的带动作用

从前,绿葱坡镇以煤炭生产为主导产业,"以煤养镇、靠矿吃饭"是当时的真实写照。在最高峰时,全镇有40多家煤窑,黑色成为绿葱坡镇的代表色。2017年,绿葱坡镇迈出去产能的铿锵步伐,经过几年集中整治,关停全镇所有煤矿,彻底告别"煤时代"。没有煤炭经济,绿葱坡镇瞄准独特的高山优势,把重心放在高山药材、蔬菜、烟叶等绿色产业上。高山深处,万亩蔬菜基地、万亩药材基地、万亩烟叶基地郁郁葱葱,点"金"山川。绿葱坡镇区域总面积约为2.81万 hm^2,其中农用地面积为2.66万 hm^2,占比为94.66%。冬季的绿葱坡镇虽然美不胜收,却曾因冰凌路面而门可罗雀,直到绿葱坡滑雪场项目正式落地。绿葱坡滑雪场不仅填补了恩施州冬季旅游的空白,也让这个高山小镇"热"了起来,还让昔日的煤炭小镇转型为冰雪小镇实现了从"黑"到"绿"再到"白"和从"煤炭经济"到"绿色经济"的华丽变身。

绿葱坡旅游度假区的建立对当地村民的带动作用具体体现在以下几点。

(1)拆迁安置。为了保护当地原始生态环境,绿葱坡滑雪场开发时仅对6块开发建设用地内的农户进行拆迁,占用的农田较少,并对相关农户进行集中就近安置,建设了集中的安置小区,也接纳了易地扶贫搬迁农户。

(2)就业。绿葱坡旅游度假区的建立为当地村民提供了大量的就业机会,村民们可以选择在度假区内务工,也可以选择经营民宿、特色饭店,还吸引了不少年轻人返乡利用高山优势种植高山药材、蔬菜。

(3)生活。多条公路的建成使绿葱坡镇的交通更加便捷,滑雪场的建立带动绿葱坡镇的发展,使当地基础设施更完善,医疗、教育等资源更加充足。村民们不再依靠煤炭生产谋生,绿色产业的兴起使绿葱坡镇的环境更加美好、村民生活更加富足。

2. 绿葱坡滑雪场的效益

生态效益:对滑雪场周边环境进行了整治和美化,修复区域绿化植物,营造优美景观,减少水土流失;提高人们对冰雪资源、水资源、水利工程等方面的认识;保护基本农田,风景区内有多块多种功能的农业用地,规范了冰雪资源和水利风景资源开发利用行为。

社会效益:促进绿葱坡旅游度假区品牌发展,进一步推动绿葱坡镇的旅游发展,承担区域旅游新的增长极使命,进一步带动周边旅游区发展;风景区建设和发展能提供大量技术性、服务性、管理性、生产性就业岗位,带动周围居民就业,促进乡村振兴,提高绿葱坡镇百姓的生活质量。

经济效益:风景区每年为绿葱坡镇带来游客超50万人次,拉动周围乡镇年收入突破2亿元,同时带动当地近千人就业;采取"春赏花,夏避暑,秋采摘,冬滑雪"的四季旅游路线,一季带三季,成为了湖北省践行"冰天雪地也是金山银山"的生动写照,有力激活了巴东四季旅游市场,为全县旅游产业发展打造新的增长点。

第二节 黄土坡滑坡

路线:基地—绿葱坡滑雪场—基地。

任务:①了解绿葱坡滑雪场的选址与布局;②了解绿葱坡滑雪场运营对乡村振兴的拉动作用;③分组对游客和住户开展调查。

点位:巴东县绿葱坡滑雪场。

GNSS:N30.809 0°,E110.248 8°,$H=1674$ m。

点义:了解滑雪场的选址、展布及其对村民的带动作用。

一、巴东城区地质灾害概况

巴东县是三峡库区沿线县市中受地质灾害危害最严重的区域之一。受地形地貌、地层岩性、地质构造与水文环境控制,城区范围内地质灾害频发,种类多样。据统计,巴东县城区共发育各类地质灾害 148 处,其中,滑坡 46 处,泥石流 14 处,塌岸 19 处,高切坡与潜在不稳定斜坡 69 处。

二、黄土坡滑坡概况

黄土坡滑坡是三峡库区体积和危害最大的滑坡之一,因其规模巨大、结构复杂、多期次演化且造成经济损失重大而受到国内外广泛关注。黄土坡滑坡是由 4 个滑体组成的滑坡群,总体积为 6930 万 m^3,最大深度为 90.3m。该滑坡部分区域持续季节性蠕滑,对周边地区构成重大威胁。

20 世纪 80 年代初,黄土坡区域被选址为移民新城。然而在新城即将建成时,黄土坡滑坡出现复活的迹象,导致约 1.8 万居民不得不进行二次搬迁。2009 年,国家确定黄土坡整体避让搬迁计划,巴东县政府花费 8 年时间,将上万常住人口安全迁出,并在实施整体避险搬迁后,进行生态修复、地质灾害防治等生态保护措施,建设黄土坡地质文化公园。目前,已初步形成黄土坡社区综合服务中心,沿长江南岸的滨水景观修复带和搬迁遗址风貌区、珍稀植物保育区、农耕文化观光区、经济果林采摘区的"一心、一带、四区"布局。

三、巴东野外综合试验场概况

巴东野外综合试验场选址三峡库区黄土坡滑坡区域(图 2-5),于 2012 年 12 月 30 日竣工,是中国地质大学(武汉)集滑坡地质灾害科研、教学、科普于一体的综合性野外教学研究场所。

图 2-5 黄土坡滑坡位置(教育部长江三峡库区地质灾害研究中心 提供)

黄土坡滑坡主要监测内容和监测设备如表2-3所示。

表2-3 黄土坡滑坡主要监测内容和监测设备

主要监测内容	监测设备
地表变形观测	GNSS地表变形监测系统;地基合成孔径雷达干涉测量平台;航测无人机;卫星合成孔径雷达电磁波反射器
局部岩土体变形观测	三维激光扫描仪;分布式光纤监测系统
深部变形观测	钻孔倾斜监测系统;多点位移沉降监测系统
水文地质观测	降雨地下水库水位观测系统;地表水与地下水质监测系统
地质灾害防治结构观测	抗滑桩应力应变;土压力监测系统
地球物理观测	绝对重力仪、便携式潮汐重力仪;三分量宽频数字地震仪、强震仪;声发射微震监测系统

1. 建设背景

(1) 大型水库的建设与运行对自然地质环境带来显著的影响。水库水位的上升与周期性的水位变化会改变三峡库区原有地质环境平衡状态,带来各种地质灾害和隐患。

(2) 三峡库区较大规模的地质灾害体共4000余处,其中体积大于100万 m^3 的有1300余处。

(3) 国家已经投入巨额经费开展三峡库区地质灾害专项治理工程。在今后的长时间内,三峡库区地质灾害防治的任务依然严峻,对潜在地质灾害进行勘查、研究、监测、防治,对已治理工程的维护是三峡库区地质灾害后续工作的长期重要任务。

2. 描述

该试验场从滑坡体边缘穿入,建在滑床里,通过支洞朝滑体方向延伸,因此在实验场内可观测到滑带、滑坡体、滑床的界线。同时,试验场本身也是黄土坡滑坡防治工程,可以通过给黄土坡排水,加大滑体和滑床间的摩擦力,增强黄土坡稳定性。

该试验场由试验隧洞群与一系列监测系统组成(图2-6)。试验隧洞群主洞全长908m,主洞内共设5处支洞与若干观测窗口,支洞长5~145m。1号、4号支洞长5m,作为预留支洞,保留了掌子面的形态,远期根据需要可继续开挖。2号支洞长10m,开展微重力场和声波监测工作。3号支洞长145m,5号支洞长40m,沿3号、5号支洞所揭露的滑带开挖实验平硐,并开展原位试验和相关位移、水文地质监测工作。

第二章 人文地理专业实习路线

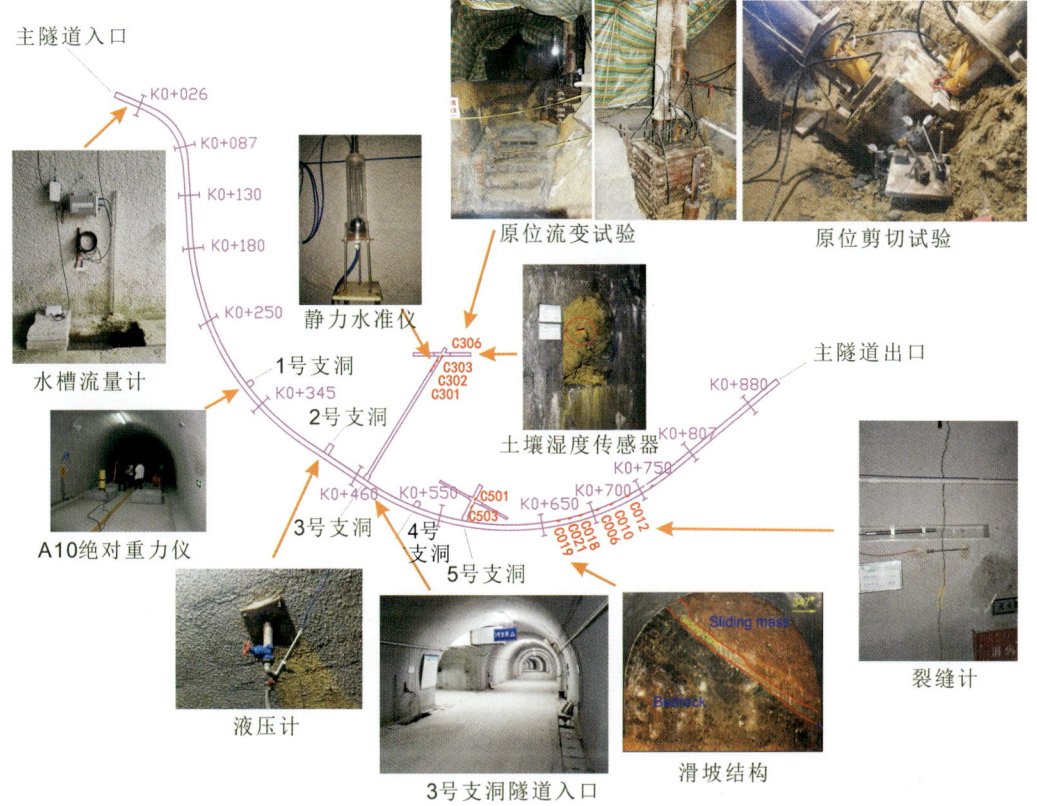

K0+026. 里程桩号,代表 0km+26m,其余依此类推;C301. 裂缝计编号。

图 2-6 巴东野外综合试验场隧洞监测示意图(唐辉明 提供)

3. 洞中可开展的监测研究

1)地下水质监测

洞中渗水较多,对渗出的水进行水质测试,发现水中含氮量高,且以硝酸根的形式存在,是人类活动产生的污染(化肥、尿素等)造成的。黄土坡居民已搬迁 10 余年,由于岩石的滞水性,污染物一直在缓慢地释放,这说明人类对自然影响的消除过程会以数十年甚至数百年计。

2)流量监测

在试验场入口旁设置有巴歇尔槽流量计,由一个高精度的液位传感器与巴歇尔槽组成,用于精确测量沟渠中的液体流量。巴歇尔槽安装在沟渠中,流动的液体被水槽阻拦而升高液位,通过上游液位高度和巴歇尔槽过水断面的几何尺寸即可计算沟渠中液体的流量。

3）地球物理监测

在2号支洞进行,主要开展地震监测和重力监测。山洞内受地面震动的影响较小,测量不同地方的重力加速度(g)值可以绘出重力加速度的等值线图。在没有无线电、卫星导航的情况下,利用载体重力/重力梯度传感器实时测量载体所在重力场,并通过重力图匹配可实现导航定位。这可应用于军事,例如装在导弹上,并且信息获取比较稳定,受干扰小。

4）静力水准仪测量

静力水准仪(图2-7)是用于测量多个点相对沉降的仪器,在使用过程中,传感器容器都由液管连接,而每一个容器的液体是由振弦式(或其他)传感器进行测量,传感器内有一个悬重,如果液位发生变化,悬重的浮力会立即被传感器感应到。在静力水准仪系统中,基准点上布设1个传感器,该点是稳定的,沉降变形几乎不会发生,需要利用其他的观测手段校核基准点的变形情况。静力水准测量的优点如下。

图2-7 静力水准仪(侯林春 摄)

(1)静力水准测量采用电感调频原理进行设计制造,具有灵敏度高、精确度高、稳定性高、温度影响比较小等优点,比较适用于长期的观测。

(2)静力水准仪系统配套仪器厂家的自动化系统,可将所有测点、测量频率、数据采集、数据分析、变形量预警报警等功能快速反馈到监测系统。

(3)静力水准仪是由多个精密液位组成的,连接管将所有液位进行连接,测量各个液位的基点垂直变形情况。通过自动化采集系统,可长时间进行自动化观测和采集数据。

(4)静力水准仪的观测时间短,数据可靠,精度高,目前精度可达到0.02mm。

5）三维变形监测

三维激光影像扫描技术是于20世纪90年代中期开始出现的一项高新技术,是继GPS空间定位系统之后又一项测绘技术新突破,是一种崭新的革命性的测量工具。三维激光影像扫描仪小型便捷,精确高效,安全稳定,可操作性强,能在几分钟内对所感兴趣的区域建立详尽准确的三维立体影像,能提供准确的定量分析,可广泛应用于各相关领域,如快速建立城市三维模型、古建筑测量与文物保护、逆向工程应用、复杂建筑物施工、地质研究、建筑物形变监测等领域。

地面三维激光影像扫描仪是一种集成了多种高新技术的新型测绘仪器,采用非接触式高速激光测量方式,以点云的形式获取地形及复杂物体三维表面的阵列式几何图形数据。仪器主要包括激光测距系统和激光扫描系统,同时也集成CCD数字摄影和仪器内部校正等系统。其工作原理是:将扫描仪对准目标,发射激光,根据激光发射和接收的时间差,计算出相应测点与扫描仪的距离,再根据水平向和垂直向的步进角距值,即可实时计算出测点的三维坐标,并将坐标送入存储设备予以记录、储存,经过相应软件的简单处理便可得到被测对象的三维几何模型。

6) 裂缝计与收敛计的变形监测

裂缝计(图 2-8)与收敛计为电感调频式原理的位移传感器,用于监测隧道内壁裂缝与截面变形。为监测对象的相对位移,在固定点安装传感器,并在固定点与被测点之间用柔性钢丝连接,钢丝一端固定在传感器内部的滑杆上。当测点发生位移时,通过钢丝拉动位移传感器内的测杆,测杆位置发生变化,围绕测杆外的线圈输出的电感与频率也会相应发生变化。通过电感频率与位移标定关系即可计算变形量。沿

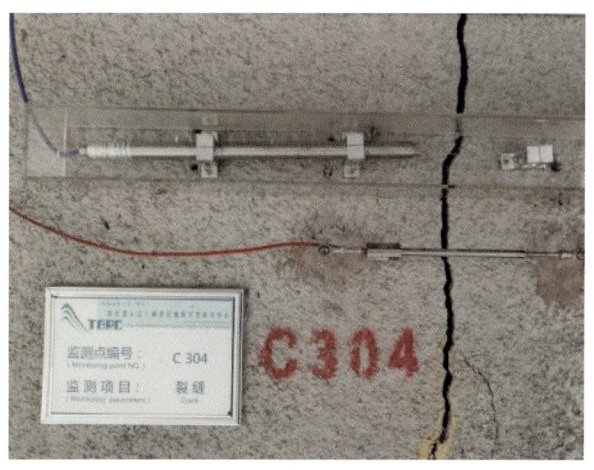

图 2-8 裂缝计(侯林春 摄)

两个方向分别安装一个位移传感器,测量两个不同方向上的位移,再通过三角函数变换可得出岩体在面上的位移。

7) 原位试验

原位试验是指直接在现场地基土层中进行的试验。由于试验土体的体积大且所受的扰动小,因此测得的指标有较好的代表性。

黄土坡地下隧洞群为巨型滑坡深部大型原位试验提供了必要的场地条件。在 3 号支洞末端滑带出露点、沿滑带走向开挖埋深 65m 的地下实验室,开展了滑带土的原位剪切试验、剪切蠕变试验和三轴蠕变试验,获取了原状滑带土的力学参数。相关测试数据可用于稳定性计算与评价。

原位剪切试验由于试样尺寸大,对土体扰动更小,更接近工程受荷变形,被认为更能反映滑坡滑动面实际情况。通过试验可计算得到岩体的弹性模量,即可计算出岩体产生单位位移需施加的力。

剪切蠕变试验是在一垂直载荷作用下施加一不变的水平剪力,土体在水平剪力作用下随时间变长而变形不断增长,直至被破坏。通过剪切蠕变试验可测定土的长期抗剪强度并建立蠕变本构模型,这些参数和模型可用于滑坡稳定性分析和失稳预测预报。

三轴蠕变试验主要是探求滑带土不同含水率在正常围压(对应自然应力状态)下的应变率随时间的变化规律。试验加载方式采用单试样分级加载法,该法是利用一个土试样,由低到高逐次施加应力,试样在某一级荷载下变形稳定后,不更换试样直接加载下一级更大的应力继续试验,直到试样被破坏为止。该法试验得到的试验结果经处理后可获得标准蠕变曲线。

8)合成孔径雷达系统

合成孔径雷达(synthetic aperture radar,SAR)是一种微波传感器,具有全天候、全天时和一定穿透性等独特优点。合成孔径雷达干涉技术(interferometry synthetic aperture radar,InSAR)是SAR的一个重要应用,在近十几年中得到了迅速的发展。利用InSAR数据的相位信息可提取地面的高程信息,主要应用于提取地面数字高程模型(digital elevation model,DEM)和监测地表形变,监测精度在雷达视线方向达到毫米级。星载合成孔径雷达干涉技术和地基合成孔径雷达干涉技术(图2-9、图2-10)是InSAR的两种形式。

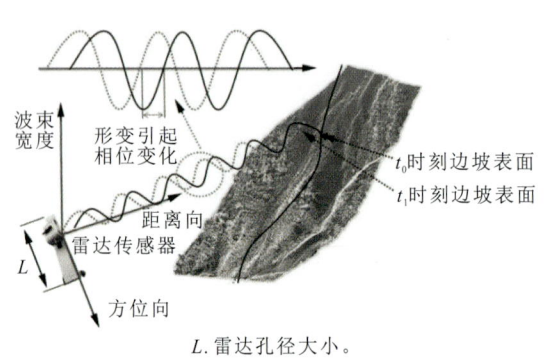

$L.$雷达孔径大小。

图2-9 地基合成孔径雷达测量技术原理图

图2-10 黄土坡滑坡地基合成孔径雷达干涉测量系统(侯林春 摄)

星载合成孔径雷达干涉测量系统的优势为覆盖范围广,监测精度可靠,能以较高频率和密度获取观测区的变形状况,适用于具有一定空间尺度的形变场连续监测。针对地面多类型、多尺度形变测量的监测技术需求,星载合成孔径雷达干涉测量系统仍然存在如下缺点:①观测实时性受制于卫星重访周期,难以满足动态和应急监测需要;②雷达入射角由于卫星飞行方向固定(升轨或降轨),且单一边坡观测存在叠掩、阴影和顶底倒置等现象,难以满足边坡监测等观测需求;③在进行山体滑坡、矿山边坡失稳、冰川运动等局部变形监测时,星载合成孔径雷达干涉测量系统的空间分辨率、覆盖范围往往难以达到最佳匹配。

地基合成孔径雷达干涉测量系统是利用布设在监测对象附近的地面雷达测量系统,实现对被观测对象的近实时动态连续监测。由于采用的雷达波长更短,因此测量精度能达到毫米—亚毫米级,能够根据观测目标形变场的演化特征灵活安置,弥补星载雷达重访周期固定、入射角度单一等不足。地基合成孔径雷达干涉测量系统能够对露天矿边坡、尾矿库坝坡、山体滑坡、大型建(构)筑物的变形与沉降等实施高精度、连续监测,对各种地质灾害进行预警预报,被广泛应用于重要工程的安全保障、健康评估和应急抢险。

试验场采用干涉测量成像(image by interferometric survey,IBIS)系统,在黄土坡滑坡对岸边坡上安装地基合成孔径雷达干涉测量装置,监测滑坡位移信息。IBIS系统是一种基

第二章 人文地理专业实习路线

于微波差分干涉技术的创新型合成孔径雷达测量系统，它是在人造卫星和陆地激光扫描的基础上，对可靠性和精度进行改进，可以应用于对建筑物和地表的静态监测。利用SAR技术，IBIS可以远在数千米之外对大面积目标物的细微变形量进行高精度、全天候的连续监测。

IBIS系统的特点：①遥测距离可达4km，无须在目标区域安装传感器，无须靠近或进入目标物；②测量精度达到0.1mm；③对波束覆盖范围内的区域同时监测（可达数平方千米），与全站仪等相比具有连续的空间覆盖优势；④直接、实时监测，通过解析单个像素的信息，可以得到局部的位移量及全目标24h连续监测结果；⑤当测量危险区域时，可实时发布灾害预警，可完成大面积且不易进入目标的远程监测；⑥数据采集时间短，频率可达到每5min扫描一次；⑦设备运输和安装简单方便，操作自动化程度高，控制和处理软件功能强大；⑧在所有天气条件下（如下雨、刮风、大雾等）都能够进行连续的数据采集；⑨设备耗电量很小，配套的供电单元能够保证设备长时间的野外工作。

在黄土坡滑坡上设置地表监测标志（图2-11），主要有：①星载SAR角反射器（图2-12），用于反射雷达卫星发射的信号，在遥感影像中反映出滑坡体的位置；②地基SAR角反射器（图2-13），由于雷达测量装置的发射器和接收器在同一地方，角反射器的三角垂直结构可以让入射的雷达信号原路返回。

图2-11 黄土坡滑坡体监测设备展布
（侯林春 摄）

图2-12 星载SAR角反射器（侯林春 摄）

图2-13 地基SAR角反射器（侯林春 摄）

第三节　土店子村乡村振兴产业

路线：巴东科教基地—恩施土家族苗族自治州巴东县信陵镇土店子村—巴东科教基地。

任务：①与土店子村党支部开展党建交流活动，体会乡村振兴中党建引领的重要作用；②考察了解土店子村的乡村振兴情况；③针对村庄支柱产业开展入户调查。

点位：土店子村村委会、文化广场。

GNSS：$N30°58'56''$，$E110°25'2''$，$H=580m$。

点义：了解土店子村概况，对土店子村进行实地走访（图 2-14）。

图 2-14　在土店子村实地走访（张文灿　提供）

知识链接

乡村振兴

乡村振兴一般指乡村振兴战略，是习近平总书记于 2017 年 10 月 18 日在党的十九大报告中提出的。十九大报告指出，农业农村农民问题是关系国计民生的根本性问题，必须始终把解决好"三农"问题作为全党工作的重中之重，实施乡村振兴战略。党的二十大以来，中央着眼全面建成社会主义现代化强国，作出全面推进乡村振兴、加快建设农业强国的战略部署。全面推进乡村振兴是新时代建设农业强国的重要任务。

实施乡村振兴战略，是党对"三农"工作一系列方针政策的继承和发展，是亿万农民的殷切期盼。习近平总书记指出："实施乡村振兴战略，要按照产业兴旺、生态宜居、乡风文明、治理有效、生活富裕的总要求，推动农业全面升级、农村全面进步、农民全面发展。"基于上述总要求，乡村振兴包括 5 个维度，即产业、人才、文化、生态和组织的振兴。

第二章　人文地理专业实习路线

《乡村振兴战略规划(2018—2022年)》中的"远景谋划"提出：到2035年，乡村振兴取得决定性进展，农业农村现代化基本实现。农业结构得到根本性优化，农民就业质量显著提高，相对贫困进一步缓解，共同富裕迈出坚实步伐；城乡基本公共服务均等化基本实现，城乡融合发展体制机制更加完善；乡风文明达到新高度，乡村治理体系更加完善；农村生态环境根本好转，生态宜居的美丽乡村基本实现。到2050年，乡村全面振兴，农业强、农村美、农民富全面实现。

乡村振兴与脱贫攻坚的区别见表2-4。

表2-4　乡村振兴与脱贫攻坚的区别

参数项	脱贫攻坚	乡村振兴
工作对象	主要聚焦于贫困县、贫困村、贫困人口，这些区域和人口，以及所面临问题具有较高的同质性	覆盖全部地区和农村人口，异质性较强
目标任务	目标明确，具有可参考的量化标准	目标涵盖内容广泛全面，难以量化，一些地方政府工作人员很难找到切入点
参与主体	政府部门为脱贫攻坚的主体，各地方形成以政府各职能部门构成的指挥部，并选派驻村工作队和第一书记，资金大部分来源于财政资金。打赢脱贫攻坚战的主要依托为行政手段和财政资源	涉及方方面面，尤其是产业发展更是需要政府之外的主体贡献力量。因此，其关键在于能否调动不同主体和资源的参与积极性，尤其包括如何动员农民参与、鼓励市场主体和社会资源的进入等
工作路径	面临相似的问题，具有相似的目标，采取相似的工作路径	具有异质性，一个地区的成功模式无法被复制，不同地区需要因地制宜的工作路径

一、土店子村简介

土店子村(图2-15)位于信陵镇西南部，距巴东县城25km，由原将军山村和原国家级重点贫困村土店子村合并而成，平均海拔1200m，年均气温20℃，绿水绕青山，田野连村居，素有巴东"县城后花园"之称。其国土面积约10km^2，耕地面积为2463亩，林地面积为9990亩。

土店子村原为重点贫困村，经过大力发展种养结合产业，深入挖掘区位优势和避暑气候优势，走上了农文旅融合发展的快车道，致力于建成"县城后花园"，争创湖北省旅游名村。土店子村于2019年被评为县级"最美乡村"、省级生态文明示范村，于2021年入选第四批全国少数民族特色村寨，于2022年7月被确定为县委主要领导领办的美好环境与幸福生活共同缔造"样板点"。

图 2-15　土店子村全貌(张文灿　提供)

二、土店子村乡村振兴的政策

庭院建设：为做好村民房前屋后美化亮化工作，该村以群众需求为导向，发动村民以奖代补开展花果庭院建设(图 2-16)。按照"一户一景"理念，引导农户结合家庭特色，突出党建、军旅、园林、农耕等主题元素，实现党群共建美好环境，共享幸福生活。

图 2-16　庭院建设成果(张文灿　提供)

左. 建设前；右. 建设后

移风易俗殡葬改革：为加快"两山"实践理念转化，建好宜居宜游的"县城后花园"，促进土店子村农文旅融合产业快速发展，土店子村按照"支部动员、党员带头、全民参与、无偿公益"理念推进移风易俗暨殡葬改革活动(图 2-17)。自 2020 年秋起，土店子村开展移风易俗宣传动员工作，2021 年群众共谋共建占地 5 亩的"花园式"村级公墓。按照"支部示范，群众参与、无偿公益"原则,2022年先后分两批完成核心区84座散葬坟墓搬迁整改工作,并引导村民形成"进公墓、碑卧倒、花祭祀"的新时代农村殡葬改革自觉。2023年4月,启动第三批坟墓搬迁整改工作,实施范围扩大到将军山片区。同时组织党员干部签订《移风易俗承诺书》43份,村民签订130份,营造厚养薄葬、尚俭戒奢、自立自强的文明乡风。

图2-17 殡葬改革(张文灿 提供)

左. 改造前；右. 改造后

特色村寨保护修缮:土店子村立足全国少数民族特色村寨定位,按照"农户主体、以奖代补、共同缔造"理念,发动村民开展土家族特色民居保护修缮。政府投入奖补资金250万元,撬动村民投资1200余万元完成湾组82栋特色民居建设,其中按照"一房一院一田"规划,集中安置区24户民宿改建项目已完成主体建设,正在进行内部装修(图2-18)。该项目方案设计、材料选购、质量监督、效果评议等均由村党支部与搬迁农户集体商讨实施。

水果种植园(图2-19):截至2023年,全村现有水果1100亩,其中梨500亩。以将军山

图2-18 土家族特色民居保护修缮成果(张文灿 提供)

农收开放有限公司为依托,建成500亩双臂式棚架精品梨园,注册"香心梨"商标,香心梨成为土店子的金名片。采取"公司＋合作社＋农户＋基地＋科研院所"模式,农民以土地作资入股,收益与公司三七分成。

生态养殖园(图2-20):全村年出栏恩施黑猪2400余头,走"你的年猪我来养"的黑猪喂养个性定制路线,实行基地集中喂养、农户分散喂养黑猪的模式。采取"订单农业"全新模式,保障农户黑猪不愁卖、城中有肉不愁买。同时,借助年猪养殖

图2-19 水果种植园(张文灿 提供)

发展年猪文化,开办年猪文化节,建设年猪文化广场,将猪元素融入村居改造、景观塑造中,打造全省首家猪文化主题景点。

蔬菜种植园(图2-21):2022年1月,土店子村引进湖北恒毅农业开发有限公司打造城郊"菜篮子"工程,在全村建设蔬菜大棚400亩。

图2-20 生态养殖园(张文灿 提供)

图2-21 蔬菜种植园(张文灿 提供)

研学教育基地(图2-22):2020年5月,以"亲近自然,体验农耕"为主题,土店子村山行梨园自然教育基地正式开工,这将是巴东县首个自然研学教育基地。它建有劳动教育培训中心,将农业研学教育搬到田间地头,开启农旅结合、农教融合新篇章。

三、党建引领美好环境,幸福生活共同缔造

1. 决策共谋访民意

以"两会"(支部会、坨坨会)促进"三有"(有方案、有行动、有效果),做到大家的事情大家

第二章 人文地理专业实习路线

图 2-22 研学教育基地（张文灿 提供）

左．山行研学教育营地；右．劳动教育培训中心效果图

商量着办，围绕美丽乡村怎么建、谁来造、谁来管等系列问题群策群力，让群众在决策参与中提升主人翁意识，让"闲事"变"家事"，让"旁观者"变"参与者"。

2. 发展共建聚民力

按照"支部发动、党员带头、能人带动、群众参与、理事会协助"的思路，以政府适当奖补引导群众自筹共建，形成"政府搭台，群众唱戏"和谐格局，激发村民由"要我做"转变为"我要做"的主人翁意识。

3. 建设共管集民智

健全"村民主体、多方参与、形式多样"的共管机制，实现"三包"责任片区管、公益性岗位管、受益对象管、市场主体管，成立餐饮民宿协会、乡资理事会、儿童志愿服务队等自治组织，共管行业质量、共化矛盾纠纷、共护美好环境等。

4. 效果共评听民声

成立文明信用社，组建乡贤理事会、儿童评议队，挂出红黑榜，定期评选党员先锋、村级劳模、文明家庭、最美庭院等，推动形成崇廉尚洁、文明向善的良好乡风民风。

5. 成果共享惠民生

发动群众共同参与产业发展、人居环境治理、特色村寨保护建设、移风易俗殡葬改革等活动,让村民切实参与到共同缔造幸福生活的活动中,合力促成基础设施、产业发展、人居环境、精神面貌实现持续性转变,推动实现共同富裕。

四、土店子村主要民宿调研情况

实地调查走访土店子村中主要民宿人家,通过与当地村民、游客聊天问询,编者得到如表 2-5 所示的调研结果。

表 2-5 土店子村民宿调研情况

民宿序号	餐饮规模/人	做菜方式	原料来源	工作人手/人	经营时间/年	宣传方式及其他
A	20	民宿供应,游客可自做	美团优选和自种	1(偶雇临时工)	2~3	抖音和熟人介绍
B	10	民宿供应	自种	1(偶雇临时工)	2	熟人介绍
C	15	民宿供应	从周边农户收购	夫妻2+雇1	1	正式开张时间不长,另经营村中KTV,民宿仍在建设中
D	10	民宿供应	自种	夫妻2	2	熟人介绍
E	50	民宿供应	从周边农户收购和自种	4	3	熟人介绍(回头客多);招待中大型游客团体
F	15	民宿供应	/	夫妻2+孩子2(帮忙)	/	熟人介绍

根据调查问询结果,分析民宿的潜在问题可能有:第一,在旺季供不应求,但在淡季时多被闲置,相关资源并未得到充分利用;第二,个别民宿宣传不到位,且整体民宿宣传主要依靠熟人介绍,在自媒体时代不利于客源扩大,宣传手段有待进一步完善、优化。

五、乡村振兴项目收益

乡村振兴项目收益如表 2-6 和表 2-7 所示。

表 2-6 乡村振兴项目预测收益

年份/年	人数/d	消费/人	月收入/万元	年收入/万元	纯利润/万元
2021	30	100	9	108	32.4
2022	100	100	30	360	108
2023	300	100	90	1080	324

表 2-7 农产品销售收益

区域	农产品销售额/元	年收入/万元
核心区(52户)	1000	5.2
其他区(184户)	500	9.2

六、土店子村后期规划建设

土店子村规划建设内容为"一园两区三基地"。"一园"指的是县城后花园,"两区"指的是特色产业示范区、乡村旅游休闲区,"三基地"指的是研学教育基地、民宿康养基地和民族文化融合基地。

第三章

旅游管理专业实习路线

第一节 巴东野外综合试验场

路线：基地—巴东野外综合试验场—基地。

任务：①了解巴东野外综合试验场基本情况、科学意义、建设过程；②了解滑坡遗迹景观的形成过程和旅游、科普功能；③尝试进行相关旅游地学研学产品的开发设计。

 知识链接

地质遗迹景观

地质遗迹是指在地球演化的漫长地质历史时期，由于内、外动力的地质作用，形成、发展并遗留下来的珍贵的、不可再生的地质自然遗产。这些地质遗迹包括了千姿百态的地貌景观、地层剖面、地质构造、古人类遗址、古生物化石、矿物、岩石、水体和地质灾害遗迹等，其中具有独特性和典型价值的，便成为人类所关注的地质遗迹，包括旅游中的山水名胜、自然风光等自然遗迹，也包括人类与地质体相互作用和人类开发利用地质环境、地质资源的遗迹和地质灾害遗迹等。

地质灾害往往是具有强大破坏力的一种自然现象，但从地质作用遗迹的视角来看，它们同时遗存了许多具有科学研究、科学普及和特殊景观观赏价值的资源属性。典型的地质灾害遗迹现象不仅具有科学研究意义，也是开展科学普及教育的天然场所，还有较高旅游开发的价值。

据不完全统计，截至2019年末，我国已发现的重要的地质灾害类遗迹共90处，其中崩塌类遗迹16处、滑坡类遗迹49处、泥石流遗迹21处、岩溶塌陷遗迹4处。全国共有22个省区市分布有地质灾害类地质遗迹。全国至少有14个国家地质公园内包含灾害类地质遗

第三章 旅游管理专业实习路线

迹,在保护的基础上加以科学利用,服务于社会大众科普。如辽宁大连金石滩震旦系—寒武系中的地震遗迹、四川小南海地震堰塞湖遗迹、广西南丹新州矿采空区塌陷、河北唐山地震遗迹、云南东川泥石流及防治遗迹、秭归新滩滑坡遗迹等。

滑坡遗迹景观是地质灾害遗迹的重要组成部分,滑坡是指斜坡上的土体或者岩体,受河流冲刷、地下水活动、地震及人工切坡等因素影响,在重力作用下,沿着一定的软弱面或者软弱带,整体地或者分散地顺坡向下滑动的自然现象。滑坡的危害很大,但通过治理,滑坡遗迹不仅能够成为风景区,还能够成为科普科研的基地,易贡滑坡遗迹(位于西藏易贡国家地质公园内)、湖北秭归新滩滑坡遗迹、湖北恩施巴东的黄土坡滑坡体等。

地学研学旅游

地学研学旅游是地学旅游的一个有机组成部分,也是研学旅游的重要类型之一,是依托地学旅游资源开展的研学活动,以地质地貌景观与环境为目的物,具有突出的教育功能。地学研学旅游以学习地球科学知识、传播地学文化为主题,以满足研学者对地球发展演化规律、地质遗产形成原因及过程的好奇、兴趣与求知为目的,通过"寓教于游"的方式让研学者走近自然,激发其探究、了解自然的兴趣,引导研学者进行思考,进一步提升国民素质,促进区域旅游发展,进而推动地方经济发展。

主要教学点

多数地质学家认为巴东城区黄土坡滑坡是一个多期次形成的特大型复合变形体,受到地貌条件、水文条件、人为活动等多方面的影响。黄土坡山顶高程在600m左右,而临江面高程还不到100m,平均地表坡度为28.6°,坡度小于15°的用地基本都被用于城市建设。黄土坡滑坡区坡体结构总体为顺向斜坡,发育有多级缓坡平台;斜坡纵向上冲沟发育,从东向西依次为二道沟、三道沟、四道沟。

巴东野外大型综合试验场位于湖北省巴东县黄土坡,是集滑坡灾害教学、科研、生产于一体的教学、研究基地,是教育部"长江三峡库区地质灾害研究优势学科创新平台"建设的关键工程,是研究三峡库区地质灾害的重要平台。2009年7月,巴东县人民政府与中国地质大学(武汉)正式签订了项目建设合作协议。该项目于2010年3月8日正式开工,于2012年12月30日竣工并通过验收。

No.1 观景平台

点位: G348寇公北路段北侧。

点义: 观察黄土坡滑坡体的地形地貌,了解巴东县的移民搬迁历史。

描述：黄土坡地区总体为呈近东西向展布、南高北低的顺向斜坡,坡面呈陡缓相间的折线形(图3-1)。坡面走向与岩层走向基本一致,局部有所变化,但总体上为顺向斜坡。受多期次坡体变形影响,发育多级缓坡平台。斜坡地段冲沟发育,主要受巴东断裂控制。冲沟大致沿张裂隙呈近南北向展布。规模大的冲沟从东向西依次为二道沟、三道沟、四道沟。除主要沟谷外,二道沟与三道沟、三道沟与四道沟之间还分布多条近南北向浅切沟谷,沟底及两侧岸坡多为结构较松散的碎(块)石土,局部地段受人工改造沟形已不十分显现,仅表现为浅切沟槽。上述沟谷是黄土坡地区汇集地表水流、排泄大气降水的主要通道,同时也切割分离了黄土坡滑坡,使其成为若干个块体,并受长江最低侵蚀基准面控制,大部分冲沟未能切穿滑体,仅三道沟有局部切穿。

注：红圈处为巴东野外综合试验场主洞口。

图3-1 在观景平台上眺望黄土坡滑坡体(侯林春 摄)

1982年7月,黄土坡规划小区开始大规模建设。1992年勘查数据显示,作为巴东新县城城址的黄土坡规划小区范围为潜在不稳定的滑坡体。1995年6月10日,黄土坡城区前缘发生局部滑坡,造成10余人伤亡。同年7月,湖北省人民政府在巴东召开现场办公会,根据专家意见明确提出黄土坡规划小区属于古滑坡体,巴东县人民政府必须采取有效措施严格控制新建项目,并做好综合治理工作,黄土坡规划小区的建设自此停止。当时,城区已建成巴东一中、县职业高中、金陵中学、柳荫小学、县人民医院等多家机关事业单位和工矿企业居民住宅,人口近2万人。

自1984年以来,国家与省部级领导多次到巴东黄土坡滑坡实地调研,给予了巴东高度关注和大力支持。2008年4月7日,时任中央政治局常委、国务院副总理的李克强同志在恩施州调研时对巴东黄土坡地质灾害问题作出先期减载搬迁5000人的重要指示,其后党中央、国务院作出对黄土坡滑坡实施整体避险搬迁的重大决策。截至2017年6月,黄土坡社区避险搬迁已全部完成。如今,黄土坡拆迁工作已全部完成,大部分社区居民已搬迁至江北铜鼓包区域的新建小区内。虽然黄土坡滑坡范围内的居民已经完成搬迁避险,但该滑坡仍在持续变形,对滑坡周边居民生命安全与长江主航道安全的威胁始终存在。

No.2 巴东野外综合试验场主洞口

点位:三峡库区巴东县黄土坡区域。

点义:了解巴东野外综合试验场基本情况、建设过程和科学意义。

描述:巴东野外综合试验场选址三峡库区黄土坡滑坡区域(图3-2),于2012年12月30日竣工,是中国地质大学(武汉)集滑坡地质灾害科研、教学、科普于一体的综合性野外教学研究场所。

图3-2 巴东野外综合试验场(红线区域)与黄土坡滑坡(紫色区域)卫星影像图

巴东野外综合试验场是一个地质灾害频发的区域。它位于巴东县城最大的滑坡体——黄土坡滑坡内,由一系列的地下隧道洞群组成,主洞(图3-3)全长908m,主洞内共设5处支洞与若干观测窗口。其中,3号支洞长145m,5号支洞长40m,2号支洞长10m,1号和4号支洞各长5m。沿3号和5号支洞所揭露的滑带开挖实验平硐开展原位试验和相关位移、水文地质监测工作,2号支洞开展微重力场和声波监测工作,1号和4号支洞为预留支洞。该试验场内建立了完整的实时监测系统,包括降雨地下水库水位观测系统、固定式钻孔倾斜仪系统、GPS位移监测系统、分布式光纤监测系统、TDR时域反射监测系统等,为水库滑坡的科学研究提供了有利条件。

图 3-3　巴东野外综合试验场(侯林春　摄)

左.入口;右.出口

No.3　巴东野外综合试验场主洞内

点位:三峡库区巴东县黄土坡区域。

点义:了解黄土坡滑坡遗迹景观的形成过程、科普价值和旅游功能。

描述:黄土坡滑坡体的发育与形成过程机制复杂(曾征等,2020)。经过数年的勘测、观察和研究,多数学者认为在三峡水库运行条件下,虽然黄土坡滑坡前缘稳定性较差,但整体基本稳定。此外,监测数据也显示,黄土坡滑坡体的变形与水库水位波动和季节性降雨的关系密切。因此,引起黄土坡滑坡的原因主要可归纳为以下3个方面。

(1)三峡库区水位升降对黄土坡滑坡体的稳定性产生影响。当三峡库区蓄水时,在蓄水初期,滑坡体不稳定因素增加;在消落期,水库水位下降,滑坡体的稳定性整体表现为逐渐下降然后逐渐上升。

(2)降雨对黄土坡滑坡的稳定性影响较大。巴东县年平均降雨量为1100~1900mm,多集中在每年的4月到9月,占年平均降雨量的55%。集中而高强度的降雨是影响黄土坡滑坡体稳定性的重要因素。

(3)滑坡体的质量。在对黄土坡进行城市建设之前,其滑动力与抗滑力之间存在平衡,但是人类的建设活动使得滑坡体的自重增大,这种平衡容易被打破,增大了滑坡的可能性;同时,降雨也会增加滑坡体的质量。

第三章 旅游管理专业实习路线

巴东早在新石器时期就有人类活动,已探明的大量遗迹,如古栈道、摩崖石刻等,以及伴随着三峡航运史而生的纤夫文化,它们共同构成了丰富的巴土民族文化内涵。黄土坡作为第一次搬迁后的巴东县城城址,经历了从山林变成村落,进而发展成城镇的过程;又在人们在经历了滑坡、泥石流等自然灾害后整体迁离成为"遗址"。黄土坡这片场地不仅记录了巴东人民曾经的生活,成为巴东整个发展历程的一部分,更承载了这两次搬迁的移民文化和地质文化。

作为长江三峡地质条件最复杂的地区之一,黄土坡保留了滑坡灾害和次生灾害发生的原始场景,可作为滑坡灾害遗址直观展示的场所。黄土坡居民整体搬迁后虽没有人类居住,但仍有科研人员在此通过巴东野外综合试验场对滑坡体进行监测、研究和试验,为整个三峡库区及其周边地区地质灾害(特别是滑坡地质灾害)的防御与治理提供基础性资料和科学依据。黄土坡滑坡体可作为展示滑坡遗址地质文化和科普教育的重要窗口(图3-4)。

图3-4 野外综合试验场参观,宣讲地质灾害科普知识(侯林春 摄)

第二节 神农溪纤夫文化旅游区

路线:基地—神农溪纤夫文化旅游区—基地。

任务:①考察峡谷型旅游资源的成因、类型、景观特征及旅游功能;②体验土家族特色文化习俗、理解纤夫文化的精神内涵;③考察少数民族文化习俗类旅游资源的开发与旅游产品设计;④考察景区规划布局、旅游线路设计及景区管理模式。

知识链接

峡谷旅游景观

峡谷旅游景观是具有旅游观赏价值的各种峡谷。其特征是谷地狭深,谷坡陡峻,深度大于宽度。它通常发育在构造运动抬升和谷坡由坚硬岩石组成的地段,是地壳新构造运动与河流强烈侵蚀作用的产物。

按长度不同,它可分为:大峡谷,长度大于 100km,谷深为 500~1000m;中峡谷,长度为 30~100km,谷深为 100~500m;小峡谷,长度小于 30km,谷深小于 100m。按岩性不同,它可分为:可溶性岩峡谷,如石灰岩地区的峡谷;碎屑岩峡谷,如发育在砂岩、砾岩中的峡谷;火成岩峡谷,如发育在花岗岩、玄武岩中的峡谷;变质岩峡谷等。按峡谷宽度不同,它可分为:宽谷,谷宽数千米,有河漫滩和多级阶地;隘谷,两壁直立,宽 5~10m;嶂谷,谷坡大于 45°,谷底稍宽于隘谷,一般大于 5m,可通行;线谷(一线天),两壁陡立,宽度小于 5m。著名的峡谷有长江三峡、雅鲁藏布大峡谷、黄河刘家峡、美国科罗拉多大峡谷等。

纤夫文化

纤夫文化是长江三峡地区特别是神农溪流域的纤夫群体长期锻造积淀形成的地域性文化,其核心精髓是齐心协力的团队精神、不畏艰险的拼搏精神和力争上游的进取精神。纤夫文化推崇热爱生活,尊重自然,善待环境,在积极追求生命价值的同时也理性地对待生命轮回的理念。

从历史溯源来看,早期的神农溪纤夫是长江三峡纤夫群体中的一个重要组成部分。随着科技的进步,20 世纪六七十年代,长江三峡地区航运业普遍使用动力机动船,人力木船渐渐被取代,活跃了千百年的三峡纤夫逐渐退出历史舞台。然而,由于神农溪特殊的水路环境和发展漂流旅游业的需要,神农溪流域纤夫拉纤的古老传统得以完整地保留下来,并获得了"峡江纤夫活化石"的美称。神农溪纤夫大多是来自巴东地地道道的土家族山民,他们性格直爽,心胸坦荡,水性好,长年的艰苦劳作造就了神农溪纤夫的强壮体魄与顽强的毅力。神农溪两岸纤夫石表面的那一道道深痕正是厚重纤夫文化最好的历史见证者。

神农溪目前是世界上唯一保存有纤夫拉纤的旅游景区,因此被誉为"世界纤夫文化的活化石"。特别是纤夫演唱的纤夫号子已成为中国水系音乐中的重要组成部分,具有重要的历史价值和人文价值,已被收录到《中国非物质文化遗产保护名录》。

土家族歌舞艺术

土家族文化艺术不仅种类繁多,内容丰富,而且形式多样,风格独特。摆手舞是土家族比较流行的一种古老舞蹈,包括狩猎舞、农事舞、生活舞、军事舞等主题。它节奏鲜明,形象优美,舞姿朴素,有着显著的民族特点和浓厚的生活气息,深受土家族人民所喜爱。摆手舞根据规模大小可分为大摆手和小摆手。在以前,每年春节期间,土家村寨筹办祭品,参神拜祖,"男女相携,翩跹进退",载歌载舞。到了现在,摆手舞已逐渐褪去祭祀程序,发展成为纯粹的娱乐性歌舞。

伴随摆手舞产生的摆手歌俗称舍巴歌,是土家族的创世史诗,由祭祀歌和伴舞歌两部分组成。摆手歌描述了人类起源,追溯了民族来源和迁徙历史,歌颂了祖先业绩和英雄事迹,表达了土家人对生活的热爱和理想的追求。摆手歌篇幅浩繁,气势恢宏,句子动人,自由活泼,富有戏剧性,长期在人民群众中广泛传诵。

山歌更是土家族人民喜爱的民间文艺。它质朴自然,乡土气息浓郁,主要反映人们的劳动生产和爱情生活。

主要教学点

神农溪纤夫文化旅游区位于巴东县境内,以神农溪流域为主体,包括平阳坝和溪丘湾,形成一个南北长、东西相对较窄,以河谷风光、原始生态环境为内容,面积约 $300km^2$ 的旅游景区。它因瑰丽多姿的民族风情、古老质朴的纤夫文化而备受海内外游客的青睐,被誉为"山和水的画廊,心与梦的天堂"。

神农溪是湖北省巴东县长江北岸的一条常流性溪流,发源于神农架南坡,全长60多千米,原名沿渡河,在开发初期称小三峡,是长江三峡中的"翡翠水道"。1987年5月25日,长江三峡旅游规划论证会的34名旅游专家乘扁舟漂流考察沿渡河旅游资源,对渡河至西壤口行程中神农峡的奇、绵竹峡的险、鹦鹉峡的秀、龙昌峡的雄等自然风景十分着迷,多名专家异口同声建议定名"神农溪"。溪流两岸的山峦耸立,逶迤绵延,层峦叠嶂,形成龙昌峡、鹦鹉峡、绵竹峡、神农峡4个自然峡段。峡中飞瀑遍布,深潭碧水、悬棺栈道、原始扁舟、石笋溶洞无不令人惊叹。

神农溪纤夫文化旅游区目前已是国家AAAAA级旅游景区,是巴东县旅游产业发展的重要载体,具有厚重的历史文化积淀,特别是纤夫文化享誉中外,具有强大的旅游开发价值和发展潜力(图3-5)。

图 3-5 巴东神农溪景区(土黄色部分为消落带)(惠余杰和侯林春 摄)

No.1 龙昌峡

点位：巴东县信陵镇沿江路 138 号神农溪景区内。

点义：认识神农溪景区峡谷地貌类型，了解巴人悬棺葬俗。

描述：龙昌峡(图 3-6)是由长江进入神农溪的第一个峡，全长 5.7km。雄峡对峙，滩多水急，峡谷迂回曲折，深若幽巷重门，均宽不足 20m，山岩多呈 80°～90°斜坡直插溪底，以雄见长。唐代诗人杜甫有诗赞曰："迢迢水出走长蛇，怀抱江村在野牙。一叶兰舟龙洞府，数间茅屋野人家"。北宋至和三年，

图 3-6 龙昌峡(惠余杰 摄)

蒋凯、彭德纯、周茂叔曾乘船漂流经过此峡，因此，历史上又称此峡为三游洞。《小方壶斋舆地记胜》记载："此洞非石洞，乃山水之奇观也，一洞十里，可浮舟往来。"据考古资料，峡谷两岸树木繁茂，藤蔓植物攀附其上，遮天蔽日形似洞穴。1990 年，国家旅游局局长刘毅漂流至此峡后盛赞："这才是真正的峡。"

龙昌峡中有悬棺(图 3-7)置于峡谷的岩壁石洞中。据中国岩棺协会的专家考证，它是土家族祖先古代巴人的一种葬俗，于春秋战国末期形成，已有 4000 多年的历史。土家族有高葬者至孝的习俗。唐人在《朝野佥载》中记载："五溪父母死，于村外搁其尸，三年而葬，亲戚宴饮歌舞，一月余日尽产为棺，于临江高山半助凿宝以葬之，弥高者以为孝，既后而不再祭

祀。"现土家族悬棺葬俗已不复存在，但跳丧舞习俗仍存。曾有诗写道："棺木为何悬此岩，秋风凄雨痛人怀。雪飞巫峡山戴孝，树动风声松举哀。春至百花呈奠礼，夜间明月照灵台。可怜你是谁家子，尸到如今尚未埋。"据专家考证，这里有岩棺7座，2座外露，赫然可见，至今为神农溪上一谜。

图3-7　龙昌峡中的悬棺（右图为左图的局部放大）（侯林春　摄）

No.2　鹦鹉峡

点位：巴东县信陵镇沿江路138号神农溪景区内。

点义：了解溶洞地貌类型的成因，了解神农溪景区丰富奇特的动植物资源。

描述：鹦鹉峡全长8.5km，此峡内群峰入云端，碧波倒影，野趣盎然，这里多奇峰异景，有的山峰如狂啸之虎，有的如嬉戏之猴。鹦鹉峡以秀取胜，两岸植被如璎珞垂持，四季常青，岩水滴渗，飞瀑涌泉，奇观迭显。有一段峡谷，无论隆冬炎夏，甚至落雪时节都可以看到盛开的鲜花，故名"年花滩"，即一年四季花开不断之意。"九股泉"溪边泉眼涌出多股泉水，分清、浊、混三色，因此得名"三色泉"。无论春夏秋冬，山洪暴发、天旱水枯，三色泉泉水不变，汇入溪流不混，在水中形成长达百米的彩带，成为神农溪中一大奇观。其中一股为天然矿泉，清澈甘洌。此峡中可见到攀援的猴群、高翔的岩鹰、嬉戏的水鸟、遮天蔽日的金丝燕群、高达1m罕见的猫头鹰。

位于鹦鹉峡的绵竹山因此面山上生长有成片的绵竹，故得名。绵竹是造宣纸的优质原料，还是国宝大熊猫的食物。据考证，神农溪上游发现多处大熊猫的化石，但由于生态环境的变化，大熊猫在神农溪上绝迹。鹦鹉峡绵竹叠翠，青翠欲滴，微风吹拂，碧浪翻滚，呈现出亮丽的峡谷风景（图3-8）。

位于鹦鹉峡的燕子阡溶洞为神农溪最大的溶洞。洞口高100m，宽40余米，深8km，洞内常年栖息着成千上万的短嘴金丝燕，故得名。进洞50m处，便是"千丘天"，因溶岩堆积而形成的层层"梯田"，呈"品"字形上下排列，每块之间还有明显的"田埂"（图3-9）。

巴东科教基地多学科综合实习教程

图 3-8　鹦鹉峡与绵竹山（侯林春　摄）

图 3-9　鹦鹉峡与燕子阡溶洞（侯林春　摄）

短嘴金丝燕又名岩燕,体形较小,羽毛黑褐色。它们群栖岩穴,甚至在漆黑幽深的洞穴里飞行都能准确找到自己的巢穴。每当天气变化或夕阳西照,燕群漫天飞舞,叫声悠扬悦耳。每年的冬末春初,燕群飞向溪口淤沙壁上,凿沙洞为巢,密密麻麻一大片,进洞出洞另有一番景象;当春水上涨,燕群又飞回岩洞筑巢。

No.3　绵竹峡

点位:巴东县信陵镇沿江路 138 号神农溪景区内。
点义:考察土家先民遗址,了解巴东土家族历史。

50

第三章 旅游管理专业实习路线

描述：绵竹峡（图3-10）因绵竹生长繁茂故得名。源于神农架余脉海拔2400m的仙女山，全长17km，沿途接纳了4条溪涧，在余家寨汇入神农溪主流。绵竹峡景观奇特，以险著称。峡谷葱郁幽深，为罕见的远古地质构造运动遗迹标本。两岸峰岩夹峙，层次分明，绝壁千仞。山巅岩壁多洞穴，相传为土家先民居住过的洞穴遗址，洞穴外大多有颓垣断壁或小石干垒遗迹可考。岩壁间的石笋、石幔有的似从天而降，千奇百怪；有的宽达二三百米，两岸山峰依偎，溪流最窄处不及5m，天开一线，溪流坡降度达0.5‰。两岸植被葱茏，猴群嬉戏，鸟语花香。"豌豆角"扁舟依山而过，"一里十三湾，湾湾滩连潭"。船尾出滩，船头又进滩，航行其间，仿佛置身于世外桃源的意境之中。"半边街""鲲鹏展翅"等玲珑小景更是栩栩如生。

图3-10 绵竹峡（侯林春 摄）

在绵竹峡的尽头，依岩而建的古代商贸集市的废墟依稀可辨，俗称"半边街"。透过断墙残垣，踩踏砖石瓦砾，可以想见这山高水深之间早已飘散的市井繁华。

No.4 罗坪演艺中心

点位：巴东县信陵镇沿江路138号神农溪景区内。

点义：观看歌舞表演《巴山恋》，体验土家族特色民俗文化。

描述：《巴山恋》（图3-11）是国内首部"微演艺"旅游剧，由北京奥运会、广州亚运会开幕式执行导演团队倾情打造。它以巴文化和纤夫文化等土家文化为核心，以展示神农溪土家民俗风情为旨意，运用"山水盆景"式的舞台，在200m²的演出大厅里，微缩版的巴东山水、精雕细刻的楼阁亭廊、清音婉转的流泉飞瀑、峡口河畔的演唱空间、农家院子的观演环境、观众身边的互动走道、生活在神农溪一带的土家演员，原汁原味展现了地道的土家情歌、土家织锦与撒叶儿嗬等民族艺术。

巴山舞又名巴渝舞、撒叶儿嗬。其特点是：伐鼓以祭祀，叫啸以兴衰，唱腔高亢，舞姿粗犷，体现了土家儿女的淳朴和憨厚。其形式为：一人掌鼓，众人对跳，由掌鼓者领唱，对舞者

图 3-11 《巴山恋》歌舞表演（惠余杰 摄）

边唱边舞。据史书记载，远在殷商时期，巴人助武伐纣前戈后舞。汉高祖刘邦数观其舞，乐其猛锐，令乐师习之引入宫廷，称为巴渝舞。有专家挖掘巴楚文化，按地方特色，将其提炼升华，命名为巴山舞、跳丧舞。

土家织锦在民间被称为"打花"，传统织锦多作铺盖用，土家语称为"西兰卡普"，意思为土花铺盖。西兰卡普以丝、棉、麻为原料，以红、蓝、黑作为经线的棉线颜色，纬线的棉线颜色则由织者自己决定，各种颜色均可。在古老的木质腰式机上，眼看手背，手织正面，采用"通经断纬"的方法挑织而成。西兰卡普是从土家人的历史文化中衍生出来的，但在发展的过程中，无论从工艺还是纹样上都融入了各民族的先进文化元素，体现了中华民族多元化的民族特征。

No. 5 神农峡

点位：巴东县信陵镇沿江路 138 号神农溪景区内。

点义：体验神农溪扁舟漂流，了解神农溪纤夫文化。

描述：神农峡（图 3-12）是神农溪流经途中的第一段峡谷，以奇见长。峡中有一座山峰，形似神农祖先神农氏，他双眼蕴含着无穷的智慧和力量，炯炯有神地目视着远方，面部慈祥而又微露刚毅，因此人们就把这段峡谷称作神农峡。神农峡全长 15km，是神农溪水域最宽阔的一个峡段。

图 3-12 神农峡（惠余杰 摄）

位于神农峡中部的神农洞(图3-13),相传为神农氏顺溪而上搭架采药居住过的洞穴遗址。它位于沿渡河镇西北,神农溪北岸的链子岩上,距地面垂直高度近100m,现设有钢梯、石阶直达。洞口高5m,进洞向北斜下至洞底200余米,有水池平静如镜,据传为神农氏的洗药池。洞内高大空旷,是典型的石灰岩地貌,冬暖夏凉,洞顶有倒垂的石屏石幔;洞壁间的石笋、石柱、石花琳琅满目,尤以神农晾药台、制药处、炼丹房形象逼真。

图3-13 神农洞

神农峡上游的神农溪漂流使用的是一种形似豌豆角的扁舟(图3-14)。跨上这种古味加土味的小船,在碧水清波上悠然漂流,会感受到一种原始的野趣。神农溪扁舟古称兰舟,又叫豌豆角、神驳子或柳叶舟,是一种十分原始、古老的水上运输工具。神农溪扁舟是我国现存最古老的3种水上运载工具之一,其余两种为雅鲁藏布江的牛皮筏和福建九曲溪的小小竹排。

神农溪纤夫(图3-15)是神农溪上的又一道靓丽的风景线,淳朴、憨厚。千百年来,神农溪两岸乡村的农副土特产品、日用工业品,全靠神农溪纤夫用扁舟运进运出。神农溪的水不太深,只有一尺(1尺≈0.333m)左右,故扁舟行其上,有时船底与砂石相擦会发出"嘭嘭嘭"的响声,恰似"陆地行舟"。速度过快时要纤夫倒拉纤来限制速度,这叫"倒牵牛";要过浅滩时,纤夫竞相下水,背船过滩,尤其是上水,全靠纤夫合力拉纤而上,号子声声,空谷回荡,别有一番野趣。

神农溪纤夫拉扁舟
(朱俊成 摄)

图 3-14　神农溪漂流所用的扁舟（朱俊成　摄）　　图 3-15　神农溪纤夫（朱俊成　摄）

第三节　巫峡口景区

路线：基地—巫峡口景区—基地。

任务：①了解巫峡口景区地质地貌和岩石特征；②掌握巫峡口景区自然与人文景观的旅游功能及其组合布局特征；③体验土家文化和巴人文化，探索非遗传承和文化内涵；④了解智慧景区建设与管理；⑤通过实地调研考察旅游对当地居民的带动作用。

知识链接

长 江 三 峡

　　峡谷是指谷坡陡峻、深度大于宽度的山谷，是"V"形谷的一种。它通常发育在构造运动抬升和谷坡由坚硬岩石组成的地段。当地面抬升速度与下切作用协调时，峡谷最易形成。我国长江流域的三峡就是世界闻名的大峡谷。长江三峡位于中国的腹地，是瞿塘峡、巫峡和西陵峡3段峡谷的总称。它西起重庆市奉节县白帝城，东至湖北省宜昌市南津关，跨重庆市的奉节县、巫山县和湖北省的宜昌市，全长193km。它自西向东主要有3个大的峡谷地段：重庆瞿塘峡、巫峡和湖北西陵峡，并因此而得名。三峡两岸高山对峙，崖壁陡峭，山峰一般高出江面1000～1500m，最窄处不足百米。三峡是由于这一地区地壳不断上升而长江水强烈下切而形成的。这里山势雄奇险峻，江流奔腾湍急，峡区礁滩接踵，夹岸峰插云天，是闻名遐迩的游览胜地。自古就有"瞿塘雄，巫峡秀，西陵险"的说法。

第三章 旅游管理专业实习路线

巴人文化

巴人文化是世代聚居于古代巴属领地上的巴人在自身的民族繁衍、发祥的历史进程中创立,并与汉文化、楚文化、蜀文化等融合而成的一个包含多层次、多方面内容的区域文化形态,是古代巴人及其巴属领地开发和进步状态的标志。

神秘古老的巴人文化是中华民族文明发展史的重要组成部分。它是中国古代的一个少数民族。据宣汉普光镇罗家坝遗址发掘的出土文物考证,宣汉是巴人生息繁衍的地方。从农牧、手工业、民风民俗等方面都可看出,巴人文化与中原文化有着许多的不同之处。属于山地文化的巴人文化,有其自身独特的结构,包含人文精神、物质文化和制度文化。人文精神是巴人文化的核心部分,而白虎文化又是其核心的核心。巴人以良心为其根本出发点,在此基础上又发展为崇力尚勇和淳朴憨直的精神内涵。

智慧景区建设

智慧景区是指通过智能网络,对景区自然资源、旅游者行为、景区工作人员行迹、景区基础设施和服务设施进行全面、透彻、及时地感知,对游客、景区工作人员实现可视化管理,同旅游产业上下游企业形成战略联盟,实现景区环境、社会和经济的全面、协调和可持续发展。智慧景区的建设能够进行可视化管理和智能化运营,实现人与自然和谐发展的低碳智能运营景区,有效保护生态环境,为游客提供更优质的服务,为社会创造更大的价值,在强调技术因素的同时还强调管理因素。智慧景区智慧化管理具有定量化、智能化、集成性、动态性和系统性的特点。

智慧景区建设对景区发展具有重要意义,信息化建设为其核心部分。它主要包括信息基础设施、数据中心、信息管理平台、综合决策平台的建议,以便为景区深度智能化管理和信息化服务提供技术支持。在国家加快智慧旅游的政策引导下,越来越多的景区开始触网,寻求新的发展路径,开辟 App、网上预订及微信营销等渠道,并主动寻求与在线旅行社(online travel agency,OTA)的开放合作。

旅游扶贫

旅游扶贫即通过开发贫困地区丰富的旅游资源,兴办旅游经济实体,使旅游业形成区域支柱产业,实现贫困地区居民和地方财政双脱贫致富。巴东县曾为国家级贫困县,截至2015 年,县内贫困人口高达16.1 万人,在精准扶贫政策的扶持下,于 2020 年正式退出贫困行列。其中,乡村旅游的发展在该县脱贫攻坚过程中起到了重要作用。巫峡口景区作为县内典型近期旅游项目,其建设范围共辐射 3 个乡镇,其中包含重点贫困村 10 个。景区景点

巴东科教基地多学科综合实习教程

的开发和基础服务设施的配套完善充分改善了当地人居环境,为打造美丽乡村做出巨大贡献。在景区建设和经营过程中,通过雇佣劳动力、土地流转、分红等方式为贫困户提供就业途径,增加生计手段,让景区内及周边老百姓直接受益,真正实现脱贫致富,发挥了旅游扶贫的巨大效能。

主要教学点

巫峡口景区是第四套五元人民币上的背面主景,位于长江三峡巫峡东端出口,是"俯瞰长江第一拐,体味三峡千古情"的最佳位置,也是"金色三峡"的绝佳拍摄点(图 3-16、图 3-17)。该景区以湖北省巴东县大面山、链子溪为主体,以长江干流为轴线,景区面积 83.5km²,主要包括巫峡口、大面山、链子溪、火焰石及周边景点。这里群山叠嶂,峡谷幽深,春有漫山罗钱花开,夏有缥缈云海升腾,秋有巴山红叶绚丽,冬有层层银装素裹。基于"一江(长江)一城(县城)一山(大面山)一溪(链子溪)一道(国家风景道)"的空间结构和地形地貌、资源禀赋等特征,它具体划分为五大功能区:以巫峡文化为主要内涵的神话巫峡,以独特生态地理景观为主要内涵的云巅巫峡,以山地户外运动为主要内涵的激情巫峡,以生态保护优化为主要内涵的绚丽巫峡和以夜景亮化为主要内涵的盈彩巫峡。

图 3-16 巫峡口——第四套五元人民币背面主景取景地(侯林春 摄)

图 3-17 巫峡口门楼（侯林春 摄）

No.1 巫峡云巅

点位：巫峡口景区山顶。

点义：学习山地地貌的形成特点，观察气象景观的变化规律。

描述：巫峡云巅（图 3-18、图 3-19）位于景区最高处，海拔 1100 多米，以观云赏霞为特

图 3-18 巫峡云巅（李萍 提供）

色,是巫峡口景区核心景点之一。这里朝夕风情各异,四季美景不同。春有山花烂漫,夏有云海缥缈,秋有红叶滴韵,冬有松雪映诗,是登临远眺的绝佳去处。这里是整个景区最集中的观赏点,有"一眼看五景"的美称。"巫峡新八景"之中的巫峡云巅、江峡流金、红叶滴韵、千山叠翠、云外樵村都是在这里的观赏视角最佳。从巫峡口遥望整个巫峡,可以发现巫峡中间由巫山十二峰组成,两头由金盔银甲峡和铁棺峡两段峡谷组成,在两岸垂直的岩壁上有许多灰白色的小褶皱,很像古代武士身披的银甲,在"银甲"的上方是浑圆的石灰岩山顶,表皮被含有氧化铁的地下水染成金黄色,就像一顶武士的金盔,整个"金盔银甲"峡壁就像一尊巨大的古代武将肖像浮雕。巫峡幽深秀丽,两岸悬崖屏列,奇峰相连,绵延不绝,好像曲折幽深的画廊。长江川流其间,迂回曲折。

巫山云雨最负盛名。云缠雾绕,烟雨蒙蒙,是云非云,是雨非雨。南宋诗人范成大就讲过:"巫峡山最嘉处,不问阴晴,常多云气,映带飘浮,不可绘画。"唐代诗人元稹用"曾经沧海难为水,除却巫山不是云"来赞叹巫山云雨。云蒸霞蔚,水碧山青;风光壮丽,如诗如画。变幻莫测的气象景观为巫峡云巅的自然美景蒙上了神秘的面纱,与山间美景共同构成若隐若现的缥缈画卷,又独立成景,形成独具特色的峡谷云海。

图 3-19 巫峡云巅导览图(候玉洁 摄)

第三章 旅游管理专业实习路线

No.2 灵芝仙台

点位：景区次游客中心主路边第一个观景平台。

点义：学习现代化建筑的构景特点，了解游步道的分类与建设。

描述：灵芝仙台观景台，也叫轿子岩观景台，是"俯瞰长江第一拐，体味三峡千古情"的最佳位置，也是金色三峡景点的最佳拍摄点。此观景平台采用灵芝形状设计造型，矗立于巫峡口南岸40多米高的悬崖绝壁上，直插云霄，既是长江第一拐的观景台，也独立成景。3朵大小不一、形态各异的"灵芝"，或长于轿子岩之顶，或附着于轿子岩崖壁，人为景观与自然岩体既融为一体又相映成趣。观景台向天飞跃15m，面积为800多平方米，可同时容纳1000多人观赏巫峡奇景，崖壁上2个悬挑于崖壁外的平台采用钢结构，悬挑距离为6m，并设置栈道相连。

飞架南北、使天堑变通途的玻璃栈道桥（图3-20），是通往灵芝仙台观景台的唯一通道。穿上滑鞋套，行走在这座神奇的"天桥"上，有"人在空中行，景在眼中飞"之感。

图3-20 玻璃栈道桥和灵芝仙台观景台（李萍 提供）

在灵芝仙台观景台和"火焰石信号台"遗址之间，掩映着一条蜿蜒于悬崖峭壁上的石级阶梯。它是深入巫峡直角江湾、俯瞰水运文化遗迹的最佳场所。石级阶梯全长约1.8km，宽约 2m,以"曲径通幽、险奇陡峭"为特色。浩荡峡江在这里曲折回还,往来巨轮在云霞里穿梭不息。

No.3　索道

点位:主游客中心与巫峡云巅之间。

点义:了解索道的建设技术和功能,辩证地看待现代技术对自然景观的改造作用。

描述:景区内山势陡峭,本着"大保护,小开发"原则,景区修建了一条长1 826.3m的架空客运索道(图3-21)。该索道为单线循环脱挂抱索器8人吊箱索道,线路高差847m,单程运行时间为6min20s(步行登顶时间约为4h),单向运输能力为2000人/h,配套建设上下站房及给排水等设施。索道具有线路运行速度较快和站内运行速度较慢的特点,具有速度快、运量大、运输效率高、乘坐舒适等优势。索道用电驱动,对环境污染小,对植被和森林破坏少,维护保养操作简单。它不仅能为游客代步登山,解决登山难的问题,而且是游客在空中观赏风景的一种游乐设施,既为景区增添了新的景观,又提高了景区的接待能力。

图 3-21　巫峡云巅索道(侯林春　摄)

第四节　无源洞景区

路线：基地—无源洞—基地。

任务：①观察无源洞地质成因、内部景观；②了解无源洞的造景功能和特色，以及内部的文化内涵；③考察洞穴自然景观与文化景观的融合开发与旅游产品设计。

知识链接

寇　准

寇准(961—1023年)，字平仲，华州下邦(今陕西渭南)人，北宋政治家、诗人，与白居易、张仁愿并称"渭南三贤"。寇准善诗能文，有《寇忠愍公诗集》传世。他为人刚直，为官时因多次直谏，渐被太宗重用。寇准出身书香门第，19岁考中进士，而后来到巴东。在巴东任职3年，他勤勤恳恳，秉公执法，对巴东发展作出了很大的贡献，深受老百姓爱戴。寇准在巴东任职期间唯一留下的实物为铁权。由于寇准公平公正、清廉为官，其后的每一任县官都把它摆放在县衙，以此警示自己要公平公正，为老百姓做实事。

寇准少年成才，文采斐然。在巴东任职期间，他写下了《春日登楼怀归》一诗："高楼聊引望，杳杳一川平。远水无人渡，孤舟尽日横。荒村生断霭，古寺语流莺。旧业遥清渭，沉思忽自惊。"诗中既有实施个人宏图的壮志，也有着眼现实随遇而安的心境，心态宁静而平淡，绝无一般青年官僚得意忘形的浮躁。

钟　乳　石

钟乳石(stalactite)，又称石钟乳，是指在碳酸盐岩洞穴内，在漫长地质历史中和特定地质条件下形成的石笋、石柱等不同形态碳酸钙淀积物的总称。钟乳石的形成往往需要上万年或几十万年时间。由于形成时间漫长，钟乳石对远古地质考察有着重要的研究价值。钟乳石可入药。广西、云南是我国钟乳石资源最丰富的主要省区，所产的钟乳石光泽剔透，形状奇特，具有很高的欣赏和收藏价值，深受人们喜爱。

喊　泉

喊泉是一种地下水的毛细现象。这类泉多分布于石灰岩、白云岩地区的岩溶间、地下河与岩溶潭星罗棋布的地带。岩层和土层中有一种脉状孔隙,当孔隙"管"的下端与地下水面接触后,由于地下水本身的压力和孔隙"管"的浸润与虹吸作用,地下水便会沿着孔隙"管"上升而溢出成泉。如果受到外界的振动,孔隙"管"便会产生一种回应力,将岩层附近的水吸回去。只有待振动声响停止一定时间之后,孔隙"管"的浸润与虹吸功能才会恢复原状,这便是含羞泉"含羞"的秘密。在一些岩洞特殊的地质结构中,这类泉受声音与水生动物活动的诱发而形成。人们在泉口吼叫或发出其他声响时,声波传入泉洞内的储水池,进而产生"共鸣""回声"和"声压"等物理声学作用。泉洞中的水生动物受到惊动,激起水波,使处于即将溢出的状态的储水池水面受到压力,诱发引起虹吸作用,形成涌泉。如果储水池的水主要来源于地表水,雨季和旱季水量悬殊,则形成季节性的间歇喊泉。假如储水池的水主要来源于地下水,则造成无季节性的永久性喊泉。在这一类泉中,还有些是特定的地下通道和人为因素共同作用的结果。

油 橄 榄

油橄榄,木犀科植物,原产地中海沿岸地区,其油脂为高级食用油和保健品。传说为希腊智慧女神雅典娜的魔杖化身,象征勤劳、智慧、美丽、和平。枝条形象被选入联合国徽章图案。

油橄榄是世界著名的木本油料之一,叶片细小、厚实,干形优美,被称作世界和平友谊树。油橄榄寿命长、产量高,所产油脂是营养丰富的高级食用油。油脂主要成分为不饱和脂肪酸,含量高达80%以上,胆固醇含量极低,故有利于软化血管,防止动脉硬化,防止高血压和消化道疾病,在外科上可治疗烫伤、烧伤,在化妆品、纺织品加工上也有特殊用途。1964年,周恩来总理在访问阿尔巴尼亚后,从阿尔巴尼亚带回该国赠送的10 000株油橄榄幼苗,其中部分由湖北省林业科学研究所在武汉进行栽培试验,取得成功。1974年3月,三峡林场工程师董德基从湖北省林业科学研究所引进油橄榄幼苗68株,在无源洞栽培成功,并推向全县。

巴东堂戏

巴东堂戏,当地称踩堂戏,由民俗中敬神还愿和吉庆娱乐的"跳花鼓子"与"薅草锣鼓"和民间舞蹈结合,并广泛地吸收流传于巴东的梁山调、湖北越调、太和调、楚调及后来传入的川剧、南剧等诸多演唱形式演变形成。它主要流行于巴东江北神农溪一带及与之毗邻的秭归、兴山、五峰、巫山等地。其历史悠久,清末民初为其繁盛时期。以巴东沿渡河为中心向周边辐射,历史上曾建有8个民间职业堂戏班,师承相传有四五代传人,迄今有200多年历史,亦属恩施州五大民间戏曲剧种之一。

第三章 旅游管理专业实习路线

主要教学点

无源洞景区(图3-22～图2-24)位于三峡库岸的巴东县信陵镇巴山腹地,距离巴东县城10km,始建于1998年,占地面积约186.67hm^2,为AAAA级景区。景区以湖北省巴东县国有巴山林场为依托,以巴东老城文化和三峡移民开发为历史背景,以山、水、林、洞为特色,是一个集名胜古迹、江、洞、峡、林、泉于一体的旅游胜地,是大三峡黄金旅游线上的一方胜境。景区旅游资源丰富,自然景观与人文景观交相辉映、相得益彰,景点布局合理。景区自然景观数量众多、特色明显。核心景区为3.5亿年前地质运动形成的一个奇特峡岩,与世界黄金水道长江江水汇成一个有内外平湖的半岛,其间溶洞密布,泉瀑飞泻,鸟语花香。

图3-22 无源洞景区入口(侯林春 摄)

图3-23 无源洞水渠(巴东的红旗渠)(侯林春 摄)

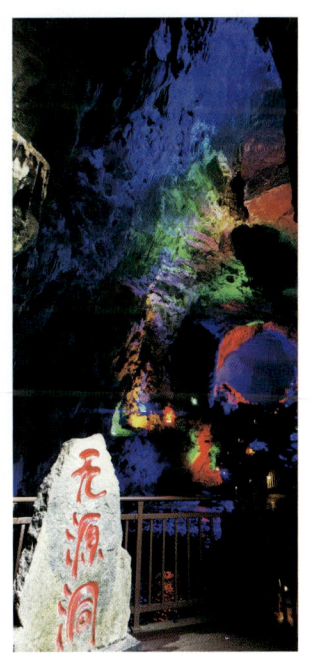

图3-24 无源洞洞口(侯林春 摄)

No.1 寇准碑林

点位:景区内部的第一个门楼处。

点义:了解地方文化的发展历程,深挖人文景观的价值内涵。

描述:寇准(961—1023年),字平仲,华州下邦人,北宋政治家、诗人。太平兴国五年(980年)进士,授大理评事,先后知巴东、成安二县。巴东是寇准政治生涯的起点。他在巴东任县令期间的政绩卓著,曾亲自前往野三关劝农,引导土家人放弃打猎并发展农耕,减轻官税,明白断案,对巴东人民的生产、生活产生了深远影响。三峡的奇山异水,特别是无源洞风光给了他不少的创作灵感,壮丽而秀美的三峡风光激励了他有志报国的人生目标。他兴修白云、秋风双亭,闲暇寄情山水吟诗作赋。寇准一生忠于朝廷,相才突出,光明磊落,为政清廉。苏东坡、苏辙、王安石、陆游等名家凡过三峡,必到巴东,凭吊寇公,寻访胜迹,并留下众多巴东诗词。巴东百姓爱戴寇准,传颂寇准,直到今天巴东还有许多歌颂寇准的民间故事,巴东百姓亲切称寇准为"寇青天""寇巴东"。后人为纪念他,将他一生所写佳作收录并雕刻在无源洞寇公碑林(图3-25)中。碑石共37块,分4个部分:"寇准碑林志""巴东行吟""家国远怀""千古仰颂"。其中"寇准碑林志"概述了寇准生平业绩;"巴东行吟"精选了寇准在巴东的诗词46首;"家国远怀"精选了寇准巴东以外的部分诗词,共37首,其中《咏华山》是他7岁时作的诗,有一人之下万人之上的气概;"千古仰颂"是两宋名家李纲、苏东坡、王十朋、陆游等途经巴东时凭吊寇公的诗作及巴东历任知州等吟诵寇公之部分作品。

图3-25 寇公碑林(潘婧妍 摄)

No.2 白鹿洞

点位:无源洞大桥东北侧。

点义:理解神话传说的文化价值,学习图腾信仰的发展由来。

描述:白鹿洞洞口石壁刻有"曲肱"二字,"曲肱"取自孔子所书"饭疏食,饮水,曲肱而枕之,乐亦在其中矣。不义而富且贵,于我如浮云"。侧首可见白鹿洞中矗立一对交头接耳的白鹿雕像,两只白鹿似喃喃而语,似侧耳倾听,仿佛在等待什么。这里流传着"白鹿报信"的千古传说:相传寇准每次到江南寿宁寺找方丈下棋前夜,寺东白鹿洞内的一对白鹿必鸣告方丈,方丈即安排和尚们一起在山门恭候寇准的到来。故有"白鹿叫,贵人到"之说。寇准得知后就去拜访白鹿修行千年的洞穴,洞内两只白鹿却因不敢受寇准下拜都跑出洞外。一只奔到湖北十堰郧阳,钻进一山洞,山洞顿涌盐泉;另一只向山上跑,穿马鹿池直奔水布垭,钻进另一山洞,山洞涌出一股温泉,即盐池河。原巴东老城马鹿口、马鹿巷、马鹿池等地名都由此而来。如今洞口的这一对白鹿石雕(图 3-26)不仅承载着巴东人民对寇准为官清廉的称赞与怀念,还饱含着对来访游人的热情与期待。

洞口旁的石头上雕刻着《诗经》中的《鹿鸣》(图 3-27)这首诗。该诗着眼于鹿的温顺可爱和喜欢群聚的特点,以"呦呦鹿鸣,食野之苹""呦呦鹿鸣,食野之蒿""呦呦鹿鸣,食野之芩"起兴,引出下文宴饮"嘉宾"之事,诗旨意味深长,且与寇准上山拜访方丈并与其下棋的场景交相呼应。

图 3-26 白鹿洞口的白鹿石雕(潘婧妍 摄)

图 3-27 《鹿鸣》石刻(潘婧妍 摄)

No. 3　悟源廊

点位：溪云桥东侧峭壁上游栈道（图 3-28、图 3-29）。
点义：学习新时代红色文化精神，体会劳动人民的辛劳。

图 3-28　思源渠栈道（候玉洁　摄）

注：红圈处为思源渠暗河。
图 3-29　依悬崖峭壁而建的思源渠栈道（候玉洁　摄）

描述：思源渠曾是巴东老城居民的饮用水源，由暗渠、明渠、地下水管组成。思源渠的修建离不开时任巴东县县长郝振元的功劳。郝县长来到巴东后，看到巴东山城居民饮用泥沙重的长江之水，就下决心解决饮水问题。他亲自攀悬崖，钻深沟，找水源，进行实地勘测设计，决心把数里外无源洞的泉水引到山城。当时，正值大办钢铁、大办粮食之际，郝县长却集中财力、物力、人力用来修水渠，因此受到上级批评，但郝县长坚定地表示："我可以写检讨，受处分，水渠一定要修。"1958年4月5日，饮水工程正式开工。经过1年2个月的苦战，大家硬是在半山腰的悬崖上凿出一条长2700m、最宽处1m、最窄处0.3m的水渠。1959年6月24日，无源洞清澈的水流入百姓家中，从此结束了县城居民在长江挑水吃的历史！

思源渠贯穿景区，串联着无源洞深处的涌泉宫和镜月桥。三峡蓄水，县城西迁，现如今这条水渠不再用于县城居民供水，但看见这条水渠，人们会自然地回想起先辈们为解决县城居民用水所作出的牺牲和奉献，饮水思源，水渠因此而得名。悟源廊地处思源渠暗渠，是思源渠最险要的一段，也是施工难度最大的一段，位于万丈悬崖半腰，全靠人工于悬崖上开凿而成，让人不禁被不惧艰险、奋勇前进的精神感动。后因地质变化、河道改迁等问题，该河道被废弃，后被改造为游客步行廊道，廊外为百丈悬崖直达江面，沿途瀑布如百丈银帘，带给游客极致的心灵震撼。

No.4 李商隐铜像

点位：景区入口沿线，听雨阁与孔雀园中间。

点义：探析巴东人文历史，领悟自然风光与历史文化的碰撞。

描述：李商隐（813—858年），字义山，晚唐著名诗人，怀州河内（今河南沁阳）人，与杜牧合称"小李杜"，与温庭筠并称"温李"，与李贺、李白并称"三李"。

李商隐在游历三峡时，恰逢巴山夜雨。被雨羁留的李商隐，在有家不能归的浓浓愁绪之中写下千古绝唱《夜雨寄北》："君问归期未有期，巴山夜雨涨秋池。何当共剪西窗烛，却话巴山夜雨时。"其中所书"巴山夜雨"即为巴东古八景之一。因巴山巍峨挺拔，常年云多雾重，空气潮湿，山顶与河谷落差大，山顶地势高，气温相对较低，河谷地势低，气温相对高，空气湿度也高。当夜晚气温下降，山顶的冷空气下沉，将峡谷的湿热空气挤压抬升，湿热空气在抬升过程中受冷凝结致雨，这就是人们常说的巴山夜雨。巴山夜雨本是峡江地区常见的气候现象，却因为李商隐这首诗被赋予了浓浓的乡愁和独特的美感。后来，人们为了纪念李商隐，就在巴山脚下为其铸造铜像（图3-30），供大家瞻仰。

在李商隐铜像背后的巨大的石壁就雕刻着《夜雨寄北》这首诗，同时还雕刻有因三峡蓄水移刻到此的古石刻文字，如"楚峡云开""历叹古今良吏少""须知天下苦人多""灵山圣境"等。其中"楚峡云开"和"历叹古今良吏少""须知天下苦人多"这副对联石刻相传是由李拔、吴骏绩、冯锦文3人前后跨越140余年共同完成的。这些石刻是活着的区域文化符号，更是三峡历史文化的高度浓缩和文化艺术的积淀。

图 3-30 李商隐铜像（潘婧妍 摄）

No.5 无源洞

点位：景区内部最深处洞穴。

点义：探究钟乳石的形成,观察洞穴景观的成因与景区特点。

描述：无源洞,又名兀源洞、悟源洞,属石灰岩溶洞,是长江三峡三叠纪地质奇观和三峡地理中心点,也是三峡库区中最大的溶洞。无源洞洞口高 16m,宽 10m,全长有 2000 多米,洞内最高处有 70 多米,洞内面积约 5 万 m^2,可同时容纳 5 万人。《巴东县志》载:"无源洞,古谓兀渊。洞中有峡,峡中有隧,隧中又有洞,宛如迷宫,洞深难穷其源。"整个溶洞由水云宫、潜龙宫、涌泉宫 3 个部分组成,是经上亿年形成的大型石灰岩冲水岩洞。洞内终年水雾弥漫,宛如仙境,泉水纷涌,清澈甘醇,被誉为"灵山圣境、兀洞仙泉"。溶洞深处钟乳石和石灰岩互存,其间钟乳石较小,形似猪肝,形态逼真,而两边的石灰岩经过长期冲刷,形成不同的小石芽、小石峰、小石沟、小石林,似壁画,奇幻迷离,令人叹为观止。洞内崖壁形状奇特,在灯光渲染下,崖壁与水中倒影(图 3-31)形成一幅完美的画卷,形似蝴蝶,是无源洞内游船(图 3-32)的必经打卡地。当地人利用洞内冬暖夏凉的特性,将家中陈酿置于洞内缓坡处存放,因此无源洞也成为了当地百姓的天然酒窖(图 3-33)。

峡壁深处尚有《悟源仙泉》《灵山圣境》《川流悟道》等多处摩崖石刻,洞外绝壁多山泉飞

第三章 旅游管理专业实习路线

图 3-31 洞内的水中倒影（侯林春 摄）

瀑，飞泻如银，风景别致。两岸植被繁茂，鸟鸣山幽，气候温和，冬暖夏凉。洞前临江有古石桥一座，青石为拱，朴实无华，别具野趣。无源洞最初见于文字是在明孝宗弘治元年（1488年）巴东教谕惠荣的七绝《无源洞》："洞号无源却有源，一溪流出自云根。"

图 3-32 洞内游船（侯玉洁 摄）

图 3-33 洞藏窖酒（侯玉洁 摄）

第五节 巴人河生态旅游区

路线：基地—巴人河—基地。

任务：①了解景区喀斯特地貌的特点与成因；②考察巴人河旅游资源组合布局及旅游产品类型；③体验巴楚文化，感受土家民俗风情；④了解旅游产业扶贫及带动效应。

知识链接

喀斯特地貌与溶洞

喀斯特地貌，是地表水与地下水对可溶性岩石溶蚀与沉淀、侵蚀与沉积，以及重力崩塌、坍塌、堆积等作用形成的地貌，以斯洛文尼亚的喀斯特高原命名，中国亦称之为岩溶地貌，为中国五大造型地貌之一。喀斯特地貌分地表和地下两大类；地表有石芽与溶沟、喀斯特漏斗、落水洞、钙化瀑布等；地下有溶洞、地下河、暗湖等。

溶洞属于地下喀斯特地貌形态，是指可溶性石灰岩被含有二氧化碳的流水侵蚀所形成的天然洞穴。溶洞景观大体上可以分为滴水石景观、流水石景观和其他景观。滴水石景观是指滴水形成的岩石景观，如石笋、石柱等；流水石景观是指由流水形成的景观，如石幔、石旗、石盾等；除此之外，还存在一些其他的溶洞景观，如由水汽凝结而形成的石花和多原因催生的穴珠等。

峡　谷

峡谷是指谷坡陡峻、深度大于宽度的山谷，通常发育在构造运动抬升和谷坡由坚硬岩石组成的地段。当地面抬升速度与下切作用协调时，峡谷最易形成。位于长江流域的三峡是世界闻名的大峡谷，是在地壳不断抬升且长江水强烈下切的作用下而形成的。三峡是由一系列峡谷组成的一个长达788km的峡谷段，西起重庆市奉节县白帝城，东至湖北省宜昌市南津关，跨重庆市奉节县、巫山县和湖北省巴东县、宜昌市，全长193km，自西向东依次为瞿塘峡、巫峡、西陵峡。三峡两岸崇山峻岭，悬崖绝壁，风光奇绝，两岸陡峭连绵的山峰一般高出江面700~800m，江面最狭处有100m左右。

第三章 旅游管理专业实习路线

巴 文 化

据专家学者考证,"巴"的地域范围大体界定在重庆全境北起汉水、南至鄂西清江流域、东至宜昌、西达川东的地区。巴文化是巴国王族和巴地各族所共同创造的全部物质文化、精神文化及其社会结构的总和,包括巴国文化和巴地文化两部分。

在民族迁徙的过程中,巴族继承其固有文化并不断与其他民族融合、交流,在节庆、艺术、习俗、建筑、服饰、饮食等方面形成包容多元、兼收并蓄的特有文化。土家族人头包白帕、穿花边衣服、大块吃肉、住吊脚楼的生活习俗以及跳摆手舞、唱薅草秧歌的娱乐形式据说就是古代巴人的遗风。

滑 索

滑索,也称速滑、速降、空中飞人等,是客运架空索道的原始形式,最早用于高山自救和军事突击行动,后演化为一项具有挑战性、刺激性和娱乐性的现代化体育游乐项目。滑索又是一种能跨山、越河和适应各种复杂地形的运输工具,同时还具备观赏性和参与吸引力,是森林公园和各种风景游览区一种理想的输送游客的交通工具。

滑索主要由钢筋混凝土基础、上站及下站门型结构支架、吊具(包括滑车和吊带,其中滑车分双轮和四轮,以及带限速和不带限速等形式)、缓冲装置、防护装置、吊具回收装置、承载索、牵引索等部分组成。滑索的修建对景区的地质、地形条件有一定的要求:在地质条件方面,滑索不能在淤泥、流沙、未曾压实的垫层浮土等上修建,而一般的山体、河岸的黏土层、土夹石、石层等均符合滑索安装的要求;在地形条件方面,滑索安装需要一定的高低落差,落差要求需要根据具体的线路长度和吊具回收方式而定。

旅 游 扶 贫

巴东县以生态旅游产业推动旅游与脱贫攻坚深度融合。截至2021年,巴人河旅游业发展带动茶店子镇新增32家服务型企业,带动综合性收入2000余万元,旅游扶贫效果显著。朱砂土村地处巴人河生态旅游区中心位置,是湖北省文旅厅结对帮扶乡村振兴重点村。该村以地方特色农业为依托,有效整合峡谷风光、现代农业和古驿文化等优势资源,大力发展乡村休闲旅游,逐步形成以田园生活体验和古驿文化体验为基础,以避暑养生度假为核心的高山度假示范村,为周边地区剩余劳动力尤其是易地扶贫搬迁群众创造了就业岗位,辐射带动周边就业创业千余人。

巴东科教基地多学科综合实习教程

主要教学点

巴人河生态旅游区位于巴东县中部,地处长江三峡、水布垭的交汇处,北起茶店子镇,南到绿葱坡镇,东与秭归县相接,西临鄂渝边界,占地面积约 $100km^2$,是巴东三峡库区"长江三峡环城休憩带"的重要组成部分。该区域坐落在下三叠统大冶组(T_1d)与嘉陵江组(T_1j)区域内,主要岩性为中厚层微晶灰岩、泥质灰岩、白云岩、白云质灰岩等,属于典型的碳酸盐岩类,受地下水长期溶蚀作用形成形态各异的喀斯特地貌。

巴人河为国家 AAAA 级旅游景区,区域内动植物资源丰富,被誉为"长江三峡的香格里拉"。景区以原生态的自然峡谷风光和浓郁的土家民族文化为特色,是集自然观光、激情漂流、户外探险、休闲度假、生态养老于一体的知名旅游胜地。

No.1 游客接待中心

点位: 巴人河生态旅游区大门(图 3-34)入口处。

点义: 了解景区服务功能及旅游资源分布。

描述: 游客接待中心是景区的窗口,具有引导、服务、解说、集散和游憩等功能。巴人河游客接待中心设有咨询台和服务点,提供票务、购物、导游、医疗、休憩等各项信息和服务。巴人河生态旅游区分为上、中、下三大景区,大小景点共 120 多个(图 3-35)。

图 3-34 景区大门(胡万清 提供)

第三章　旅游管理专业实习路线

图 3-35　景区旅游导览图（胡万清　提供）

No.2　白虎图腾

点位：巴人河生态旅游区内。

点义：了解巴文化及土家民俗风情。

描述：据文献资料记载，巴人起源于鄂西清江流域，沿长江向上游发展，到达嘉陵江流域和汉中等地，形成了南、北两支。一支是以嘉陵江渠江流域为中心的板楯七姓之巴，"专以射白虎为事"；另一支是以廪君为首领的巴、樊、瞫、相、郑五氏之巴，视白虎为图腾，以清江流域为中心，主要活动在长江沿岸地区。《后汉书》记载：廪君死后化为白虎，后世相袭崇拜。作为巴人的后裔，土家人视白虎为土家族的图腾。白虎分为上山虎和下山虎，相传上山虎温顺，是吉祥、如意的象征，而下山虎凶残，因此，土家人的中堂上一般不挂下山虎的图画。

白虎文化的一些原生态图景在土家族现代生活中仍有留存，如土家族的婴儿穿虎头鞋、戴虎头帽；土家族跳丧者仿照老虎跳跃、摆尾、洗脸等动作祭祀已故亲人；吟唱关于虎的歌曲等。

73

No.3 山体滑道

点位：巴人河生态旅游区内。

点义：了解滑道的选址条件，体验景区娱乐项目。。

描述：滑道集交通、娱乐、观光等多种功能于一体，既安全可靠、省时省力，又能丰富旅游体验。巴人河景区滑道（图3-36）修建于2012年，全长450m，高低落差118m，平均坡度26°，滑行时间约3min。使用滑道可少走820级台阶，节约半小时的步行时间。

乘坐滑道时需穿戴手套、鞋套和滑行垫，滑行时将头、腰和手臂伸直，两腿分开，身体向前倾可加速，身体向后倾可减速。

图3-36 山体滑道（惠余杰 摄）

No.4 观凤台

点位：巴人河生态旅游区内。

点义：观察情郎峰外观特征，了解其旅游价值。

描述：观凤台是用于欣赏情郎峰及周边山脉景观特征的观景平台。情郎峰（图3-37）也称廪君峰，海拔1150m，孤峰凸起，峰如刀削，三面绝壁，四季景色各异。登上观凤台极目四望，感受"山高人为峰、一览众山小"的豪迈。情郎峰与两边的山相连接，形成一只展翅欲飞的"凤凰"。

图3-37 情郎峰（凤凰展翅）（王睿和惠余文 摄）

观音庙位于情郎峰峰顶,始建于清乾隆年间,距今已有 200 多年的历史。庙内的长寿钟高 1.7m,壁厚 8cm,最大直径约 1m,质量达千斤以上,被列为国家级保护文物。

No.5 高空滑索

点位:巴人河生态旅游区内。

点义:了解索道的选址条件,体验景区高空刺激项目。

描述:巴人河生态旅游区高空滑索

图 3-38 高空滑索(王睿和惠余文 摄)

(图 3-38)连接山谷两边,分为两道:第一道长 350m,落差 78m;第二道长 200m,落差 60m。其总长度及落差均为国内罕见。乘坐滑索时,乘客穿戴柔性吊具悬挂在滑动小车下,以斜拉的两根钢绳为轨道,利用重力从高处向低处飞速滑下,轻松跨越山谷,在高空中观赏巴人河,如画的风景一览无余,充满速度感和刺激性。

No.6 龙隐宫

点位:巴人河生态旅游区内。

点义:了解喀斯特地貌的成因及特点。

描述:龙隐宫是巴人河生态旅游区内一处规模较大的溶洞,传闻因洞内栖息着一条龙而得名。龙隐宫分上、下两个洞口,洞内地势低洼,狭窄曲折,步道长约 500m(图 3-39)。洞内有群龙迎宾厅、瑶池、龙宫大殿 3 个厅。厅内倒挂有形状各异的石笋、石柱、石花、石幔等(图 3-40),它们似龟、似佛、似贝壳、似蝙蝠。千姿百态、瑰丽神奇的景物使龙隐宫有"地下龙宫,瑶池仙境"之称。

图 3-39 龙隐宫洞口(左)和龙隐宫洞内(右)(侯林春 摄)

钟石乳是岩溶作用的产物,其生长十分缓慢,含有二氧化碳的水渗入石灰石的缝隙,与碳酸钙反应形成水溶性碳酸氢钙,含有碳酸氢钙的水在从洞顶向下滴落的过程中又发生分解反应,形成二氧化碳、碳酸钙和水,因此形成由上向下生长的钟石乳。

图 3-40　石柱(左)和钟石乳(右)(侯林春　摄)

No.7　山路十八弯

点位: 巴人河生态旅游区内。

点义: 体验巴人河旅游公路。

描述: 巴人河旅游公路全程长 10km,是在直线距离不足 1000m、垂直高差 300m 的陡峭山坡上建成的,大部分路段位于莲峡斜坡,坡度达 70°以上。从庙坪河底到山顶国道刚好是 18 个回头弯道,因此称为"山路十八弯"(图 3-41)。著名歌曲《山路十八弯》(原名《土家的路与歌》)就是以此处为创作背景的。

图 3-41　山路十八弯

第三章　旅游管理专业实习路线

这条公路的前身是古盐道。1976年南坪公社组织劳动力,在陡峭的山上建成了一条2m宽的土公路,有13位工人因炸药爆炸而牺牲,因此在公路起点八石岩处建有纪念碑和纪念亭。2015年巴东县人民政府投资2200万对公路进行了改造升级。公路以大量抗滑桩为路基,防止坡陡滑坡,路面全部铺上了沥青。公路景色优美,远观如玉带临风,是理想的旅游自驾公路,不仅解决了山区交通难题,也是巴人河一道靓丽的风景线。

第六节　巴东野三关绿葱坡旅游度假区

路线:基地—巴东野三关绿葱坡旅游度假区—基地。
任务:①了解康养旅游、体育旅游、冰雪旅游等方面的旅游新业态;②了解滑雪场的选址条件。

旅游新业态

旅游新业态是指旅游围绕市场的发展和消费需求,与其他行业不断融合创造而产生的新的旅游产品及消费运营形式,主要包括新的旅游组织形态、新的旅游产品形态、新的旅游经营形态三大类型。

体育旅游是体育与旅游相结合的健身方式,指为了满足和适应旅游者的各种专项体育需求,以体育资源和一定的体育设施为条件,以旅游商品的形式,为旅游者提供融健身、娱乐、休闲、交际等于一体的服务,是促进社会物质文明和精神文明发展、丰富社会文化生活的一种社会活动。

康养旅游,又称为健康养生类旅游,是建立在自然生态和人文环境的基础上,结合风景观赏、文化娱乐、身体检测、医学治疗和春观花、夏避暑、秋赏月、冬泡泉等形式,以达到放松身心、怡情养性、祛邪扶正、延年益寿等目的的深度旅游体验活动。

冰雪旅游,是以冰雪、气候及旅游资源为依托,体验冰雪文化内涵的所有旅游活动形式的总称,具有大众性、体验性、休闲性和消费高、停留时间长等特点。冰雪旅游在2022年北京冬奥会的助推下呈现井喷式发展。滑雪逐渐由小众运动转变为大众健身运动,被人们称作健康的"白色鸦片"。

巴东科教基地多学科综合实习教程

主要教学点

巴东野三关绿葱坡旅游度假区是湖北省级旅游度假区，位于巴东县域中部、野三关镇与绿葱坡镇的接合部，包括野三关镇谭家坪社区、绿葱坡镇绿葱坡社区、铁厂荒国家森林公园及野花坪村，北临长江、南接清江、东连宜昌、武汉，西接重庆、成都。该度假区规划区域内海拔1100~1800m，森林覆盖率高达92%，空气中负氧离子高达5000个/cm³以上，夏季平均气温为22℃，素有"鄂西林海、华中凉都"之美誉。

该度假区以森林康养、滑雪运动、民宿休闲为主题特色，打造野三关森林花海、绿葱坡滑雪场、野花坪度假村三大核心景点，以"景观廊道、多元组团"为布局理念，围绕"山、水、林、廊、城"全面规划建设，毗邻恩施州内众多著名景点（恩施大峡谷、利川腾龙洞、建始地心谷、巴东神农溪、巴人河、巫峡口、无源洞、水布垭大坝等）。

No.1 绿葱坡滑雪场

点位：巴东县绿葱坡镇内。

点义：了解绿葱坡滑雪场建设条件及其对乡村振兴的意义。

描述：绿葱坡滑雪场于2019年建成并投入使用，位于海拔1800m的恩施州巴东县绿葱坡镇。该滑雪场总雪域面积约为15万m²，总雪道长超过5km，最长滑道为1300m，垂直落差达150m，雪场规模等级已达到全国中高级水准，是湖北地区落差最大的滑雪场。雪场设有"冰雪奇缘"和"轮胎公园"两大冰雪主题乐园，并建有四星级标准度假酒店，是黄河以南设施配套最完善、难度级别最高、雪域面积最大的滑雪场。

雪场配置：①建有华中地区唯一高速轿厢式缆车，共有轿厢25个，日均接待游客量3000人，能让游客快速平稳到山顶，缩短滑雪等待时间；②设有9条滑雪道（初级道4条，中级道4条，高级道1条），雪道（图3-42）配比合理，覆盖客群广泛，可以满足不同人群的多样化滑雪需求；③建有占地2000m²的雪具大厅，配置进口滑雪双板、单板、雪鞋3500套，并配置有儿童雪具，可同时容纳2500人滑雪；④雪具大厅二楼配备自助餐吧和冷热饮柜台，独具风味的土家特色美食满足滑雪游客的需求。

雪场特色：雪道最大坡度30°，衔接流畅，山脊、山谷、坡面皆有雪道。初级滑雪者可轻松从山顶滑下平均坡度为7°和长度为1.5km的"幸福大道"，极具趣味性与成就感。此外，绿葱坡滑雪场活动丰富，在每年11月下旬到次年3月的最佳滑雪期，设有冰雪文化活动、冰雪体育活动、冰雪体验活动。

冰雪文化活动：绿葱坡滑雪音乐节、水陆画展览、文化庙会、民俗文化旅游系列活动、新春花展、摄影大赛、青少年书画摄影艺术大赛、大集、秧歌赛等14个大项和14个小项活动。

冰雪体育活动：群众性冰雪体育运动包括全省大众高山大回转滑雪赛、全民业余滑冰比

第三章 旅游管理专业实习路线

图 3-42 绿葱坡滑雪场雪道（胡桃木 提供）

赛、冰上运动会、冰上龙舟赛、车马竞速漂移赛、疯狂铁人冬季长跑赛等 7 个大项和 9 个小项活动。

冰雪体验活动：全国雪雕大赛、系列冬捕、冬泳表演大会、冬令营、草莓采摘、瓦萨越野滑雪推广、"全民助冬奥，免费冰雪行"、雪上试乘试驾、农家过大年等 23 个大项和 79 个小项活动。

No.2 绿葱坡度假酒店

点位：绿葱坡滑雪场附近。

点义：了解酒店管理及星级酒店配置。

描述：绿葱坡度假酒店（图 3-43）位于海拔 1600m 的群山间，南临绿葱坡滑雪场，四周森林环绕，气候凉爽，空气中负氧离子含量高，是夏季避暑、冬季赏雪的胜地。

绿葱坡度假酒店由中国建筑上海设计研究院按照四星级标准打造，呈"一"字形布局，南北通透，所有房间均拥有最优良的采光和最完美的景观。酒店融入土家族西兰卡普元素，将新中式的高贵典雅和民族文化的独特厚重糅合在一起，是一个与国际接轨且具有鲜明民族特色的文化酒店。酒店共 5 层，集精品客房、美食餐饮、高端会务于一体，共有 144 套景观雅致、鸟语花香的标准客房，户户皆可远眺群山。酒店餐饮涵盖中餐、西餐、自助餐等各类餐厅，可同时容纳 500 人用餐，特色美食有秘制牛肉、笔架鱼肚、巴东合渣、公安牛三鲜、土家鲍鱼、阳干鳡鱼等。除此之外，酒店还配有贵宾厢房和露天观景平台等休闲区域，以及茶室、棋牌室、健身房等多种康体娱乐设施。

图 3-43　绿葱坡度假酒店（胡桃木　提供）

第四章

应急技术与管理专业实习路线

应急技术与管理实践教学实习是针对应急技术与管理专业的大二本科生在学习专业课之前设置的一门实践课程。该实习以引导学生树立牢固的专业思想为目的,让学生建立健全的专业认知体系,提升学生的地质灾害应急责任担当。在实习过程中,学生将对"工程地质学基础"中学习的地层岩性、地形地貌、地质构造等工程地质条件理论知识建立实体感知,同时认识常见的崩塌、滑坡等地质灾害类型并了解其减灾防灾措施,了解应急管理部门对灾害的应急处置方案和流程,为今后深入学习专业课程奠定基础,也为后续生产实习及毕业实习做好前期准备。

第一节 基础地质认识实习

路线一:基地—巫峡口村—下滩坪—史家坡—晒场—巴东光明中学—基地(图4-1)。

图4-1 基础地质认识实习路线一(底图来源:奥维互动地图)

巴东科教基地多学科综合实习教程

任务：①认识嘉陵江组（T_1j）与巴东组（T_2b）；②初步认识地层接触关系和褶皱；③掌握野外定点、岩层产状测量、岩性识别与描述等野外调查和记录的工作技能。

 **知识链接**

岩石基础知识

  岩石是指造岩矿物按一定的结构集合而成的地质体，依据其成因可分为火成岩、沉积岩和变质岩三大类。岩石的鉴别是野外地质工作的基本技能，要得出岩石特征的正确结论必须要在较大范围的露头上进行观察，并结合野外鉴别和室内实验确定特定岩石名称。

  火成岩又称岩浆岩，一般是指由地下深处炽热的岩浆在地下或地表冷凝形成的岩石。火成岩的野外鉴别一般是观察岩石的颜色、结构、构造、矿物成分及其含量等，即先根据岩石出露的产状、结构构造、矿物成分等特征区分岩石是深成岩、浅成岩还是喷出岩，再根据矿物的颜色、解理等特征确定出主要的造岩矿物和次要的造岩矿物，进而精准地命名。根据岩石中 SiO_2 含量的不同，火成岩的类别可分为超基性岩（SiO_2 含量一般低于 45%）、基性岩（SiO_2 含量为 45%～52%）、中性岩（SiO_2 含量为 52%～65%）与酸性岩（SiO_2 含量高于 65%）。常见的超基性岩有橄榄岩、辉石岩、金伯利岩等，常见的基性岩有辉长岩、斜长岩、玄武岩等，常见的中性岩有正长岩、安山岩等，常见的酸性岩有花岗岩、花岗斑岩、流纹岩等。

  沉积岩主要分布在地壳表层，是地壳中最常见的岩石类型。沉积岩是在地表不太深的地方，将其他岩石风化产物和一些火山喷发物经过水流或冰川的搬运、沉积、成岩作用形成的岩石。沉积岩的野外观察描述主要从岩石的颜色、物质成分、结构构造、岩石的命名等几个方面进行，其中，针对不同碎屑岩应根据其特征进行补充描述。常见的陆源沉积岩有砾岩、砂岩、粉砂岩、黏土岩等，常见的内源沉积岩有硅质岩、石灰岩与白云岩等。

  变质岩在地面的分布范围较小，也不均匀。变质岩是指由先前形成的岩石（原岩）经变质作用而形成的新型岩石。变质作用是指岩石基本处于固体状态下，受到温度、压力和化学活动性流体的作用，发生矿物成分、化学成分、岩石结构构造的变化，形成新的结构、构造或新的矿物与岩石的地质作用。变质岩的类型包括区域变质岩、接触变质岩、气液变质岩与动力变质岩。区域变质岩是由区域变质作用形成的一系列岩石。由于区域变质作用规模大，因素复杂，环境多样，故区域变质作用的产物遍布大陆、大洋各大区域。常见的区域变质岩有板岩、千枚岩、片岩、片麻岩等。接触变质岩是当岩浆侵入围岩时，在侵入体与围岩的接触带附近，由于受岩浆所散发的热量及气体挥发或流体的影响，围岩发生重结晶、变质结晶和交代等作用形成热接触变质岩。常见的接触变质岩有大理岩、石英岩、角岩、矽卡岩等。气液变质作用既包括岩浆岩侵入的变质作用，也包括各种围岩的蚀变作用，主要发生在地壳浅部。气液变质作用常形成各种自变质岩石或蚀变围岩。引起气液变质作用的热液既可以是液相的,也可以是气相的。常见的气液变质岩为蛇纹岩。动力变质岩是指由动力变质作用形成的变质岩石。动力变质作用常与构造运动有关。常见的动力变质岩为构造角砾岩。

岩层产状

地质构造是指在地球内、外应力的作用下,岩层或岩体发生变形或位移而遗留下来的形态。为了研究地质构造,首先需确定岩石的空间位置,即岩石的产出状态,简称产状。层状岩石的产状取决于岩层层面的走向、倾向、倾角和岩层的厚度。

走向:层面与假想水平面交线的方向,标志着岩层的延伸方向。

倾向:层面上与走向垂直并指向下方的直线称为倾斜线,倾斜线的水平投影所指的方向即为倾向。倾向代表层面倾斜的方向,恒与走向垂直。

倾角:层面与假想水平面的最大交角,沿倾向方向测量的倾角,称为真倾角;沿其他方向测量的交角均较真倾角小,称为视倾角。视倾角所在岩层的倾斜方向,称为视倾向。

层面的走向、倾向和倾角称为岩层的产状要素,产状要素可以用地质罗盘进行测量。需要指出的是,一切面状要素的空间位置都可以通过测量该面的产状要素确定。岩层的厚度是岩层面顶底面之间的垂直距离,是确定岩层产状的辅助要素(图4-2)。

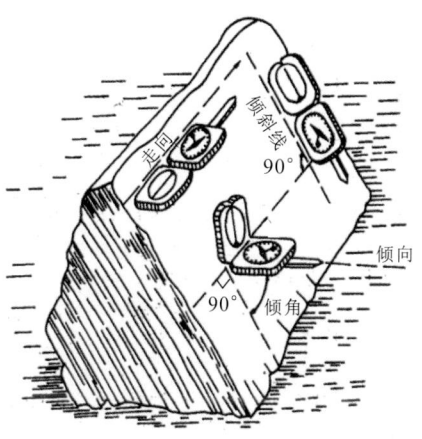

图4-2 岩层产状要素及其测量方法
(据项伟等,2019)

地层接触关系

地层间的接触关系,是构造运动和地质发展历史的记录。地层接触关系基本上可分为整合接触和不整合接触两大类型(图4-3)。当一个地区长期处于地壳运动相对稳定的条件下,即沉积盆地持续下降,或虽上升但未超过沉积基准面,或地壳升降与沉积处于相对平衡状态,沉积物则一层层地连续堆积而没有沉积间断。这样一套产状一致、时代连续的地层之间的接触关系称为整合接触。如果上、下两套地层之间有明显的沉积间断,即先后沉积的上、下两套地层之间有明显的地层缺失,这种接触关系称为不整合接触。不整合接触包括平行不整合和角度不整合。此外,除了以上沉积岩的接触关系外,还有侵入接触和侵入体的沉积接触。

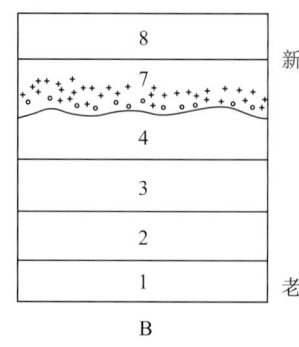
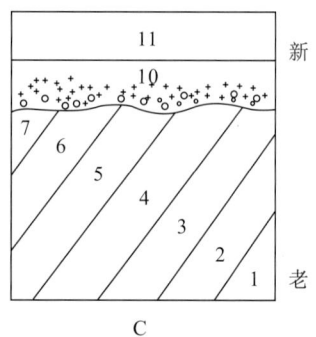

图4-3 沉积岩地层的接触关系
A. 整合接触；B. 平行不整合接触；C. 角度不整合接触

褶　　皱

褶皱是岩层或岩石的受力而发生的弯曲变形，是地壳中最基本的构造样式。褶皱形象地反映了地壳岩石中的各种面（如层面、面理等）的连续变形。褶皱的规模差别极大，小至手标本或显微镜下的微型褶皱，大至数万米或数十万米的区域性褶皱。褶皱的研究对揭示一个地区地质构造及其形成和发展具有重要意义。

褶皱的形态虽然多样，但是从单一褶皱面的弯曲看，基本形态可分为背斜和向斜两种。背斜是指褶皱面上凸式弯曲，向斜是指褶皱面下凹式弯曲。褶皱的要素是褶皱的基本组成部分（图4-4），包括以下要素。

(1)核：褶皱的中心部分。

(2)翼：褶皱中心两侧平弧状的部分。

(3)拐点：褶皱面相反凸向的转折点。如果翼平直，则取其中点作为拐点。

(4)翼间角：正交剖面上两翼间的内夹角。

(5)转折端：褶皱面从一翼过渡到另一翼的弯曲部分。

(6)枢纽：在单一褶皱面上最大弯曲点的连线。

(7)脊线或者槽线：在同一褶皱面上沿着背斜最高点的连线为脊线，沿向斜最低点的连线为槽线。

(8)轴面：由各相邻褶皱面的枢纽连成的面称为轴面。轴面是一个设想的标志面，可以是平直面，也可以是曲面。轴面与地面或其他任何面的交线称为轴迹。

褶皱的观察描述主要是在野外直接观察的基础之上，结合钻探、地球物理和卫星影像等方法手段进行综合考察。一般而言，褶皱的野外描述主要针对其形态、产状、类型、组合特征和空间上的分布特点。在地形地质图及相关基础资料分析的基础上，对调查区地层顺序、岩性、厚度和露头产状等进行测量分析，判断是否存在褶皱，同时，根据褶皱地层的新老顺序、

第四章 应急技术与管理专业实习路线

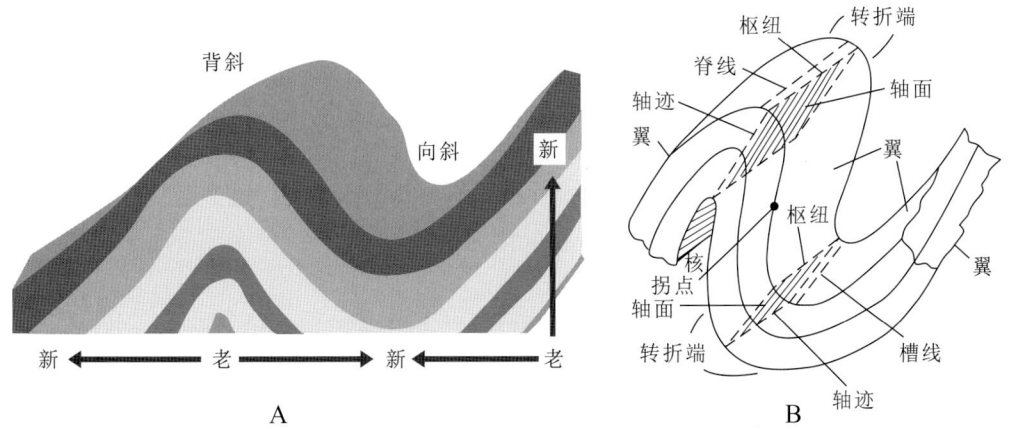

图 4-4 褶皱(A)及其基本要素(B;据叶俊林等,1996)示意图

对称重复的规律确认褶皱是背斜还是向斜,初步确定褶皱的核部位置,再进一步测量轴面、两翼和枢纽的产状,进而描绘褶皱的剖面形态。

No.1 巫峡口村

点位:巫峡口村。

点义:①嘉陵江组(T_1j)与巴东组(T_2b)之间的分界线;②巴东组一段(T_2b^1)与巴东组二段(T_2b^2)之间的分界线。

描述:该点位主要出露地层如下。

(1)下三叠统嘉陵江组一段(T_1j^1):浅灰色中厚层灰岩、白云质灰岩、白云岩夹竹叶状灰岩、砾状灰岩。

(2)下三叠统嘉陵江组二段(T_1j^2):灰色、浅灰色厚—中厚层白云岩,微晶灰岩夹溶塌角砾岩及角砾状灰岩。

(3)下三叠统嘉陵江组三段(T_1j^3):薄层白云质灰岩、白云岩、灰岩夹角砾状灰岩。

(4)中三叠统巴东组一段(T_2b^1):下部灰黄色钙质页岩夹薄层灰质泥岩、粉砂质黏土岩;中上部紫红色黏土岩、粉砂质黏土岩、钙质黏土岩、黏土质粉砂岩、粉砂岩。

(5)中三叠统巴东组二段(T_2b^2):下部为灰色中厚层硅化含灰泥质生物碎屑灰岩、灰质泥岩;中部为浅灰色薄—中厚层砂屑灰岩、鲕粒灰岩;上部为白云岩、黏土岩夹钙质页岩、灰质泥岩。

No.2 下滩坪

点位:下滩坪。

点义:巴东组二段(T_2b^2)与巴东组三段(T_2b^3)的分界线。

85

描述：中三叠统巴东组二段—四段的岩性如下。

(1)中三叠统巴东组二段(T_2b^2)：下部为灰色中厚层硅化含灰泥质生物碎屑灰岩、灰质泥岩；中部为浅灰色薄—中厚层砂屑灰岩、鲕粒灰岩；上部为白云岩、黏土岩夹钙质页岩、灰质泥岩。

(2)中三叠统巴东组三段(T_2b^3)：下部为浅灰色—黄灰色薄—中厚层泥质灰岩与灰质泥岩互层及厚层灰岩、白云岩及灰绿色、黄色钙质泥岩；上中部为灰色中厚—厚层泥质灰岩与灰质泥岩互层夹多层灰岩、白云岩。

(3)中三叠统巴东组四段(T_2b^4)：紫红色粉砂岩夹细砂岩、泥岩。

No.3 史家坡

点位：史家坡。

点义：①巴东组三段(T_2b^3)与巴东组二段(T_2b^3)之间的分界线；②巴东组二段(T_2b^2)与巴东组一段(T_2b^1)之间的分界线；③向斜构造。

描述：本点位出露地层的岩性同 No.1 和 No.2，另可见官渡口复向斜出露。

官渡口复向斜：近东西向的官渡口复向斜构成了巴东城区及邻近地区的构造格架。褶皱南北宽度可达 6km，枢纽略向东倾伏，倾角约 10°。褶皱非常缓，两翼近于对称，轴面直立，两翼倾角一般在 25°~45°之间。其核部地层除白岩沟口为 T_2b^4 外，大部分为 T_2b^3。由于 T_2b^3 的岩层软硬相间，此层中形成了大量的次级褶皱。次级褶皱呈线形，在平面上平行延伸，枢纽方向与官渡口向斜的一致，均为近东西向；官渡口向斜南翼 T_2b^3 中的次级褶皱以舒缓型褶皱最为普遍，褶皱空间分布不均一，在黄家大沟、白岩沟、头道沟均有很好的露头；核部岩层宽缓，少次级褶皱；从规模上看有露头以尺计的小褶皱，有延长数千米、宽 100~200m 的中等规模褶皱，最长者为 4km。

No.4 晒场

点位：晒场。

点义：①巴东组一段(T_2b^1)与嘉陵江组(T_1j)之间的分界线；②向斜构造。

描述：本点位出露地层的岩性同 No.3。

No.5 巴东光明中学

点位：巴东光明中学。

点义：①嘉陵江组(T_1j)与巴东组一段(T_2b^1)之间的分界线；②巴东组一段(T_2b^1)与巴东组二段(T_2b^2)之间的分界线；③向斜构造。

描述:本点位出露地层的岩性同 No.3。

路线二:基地—白岩沟沟头—张家坡—亩田湾—采石场—大面山—基地(图 4-5)。

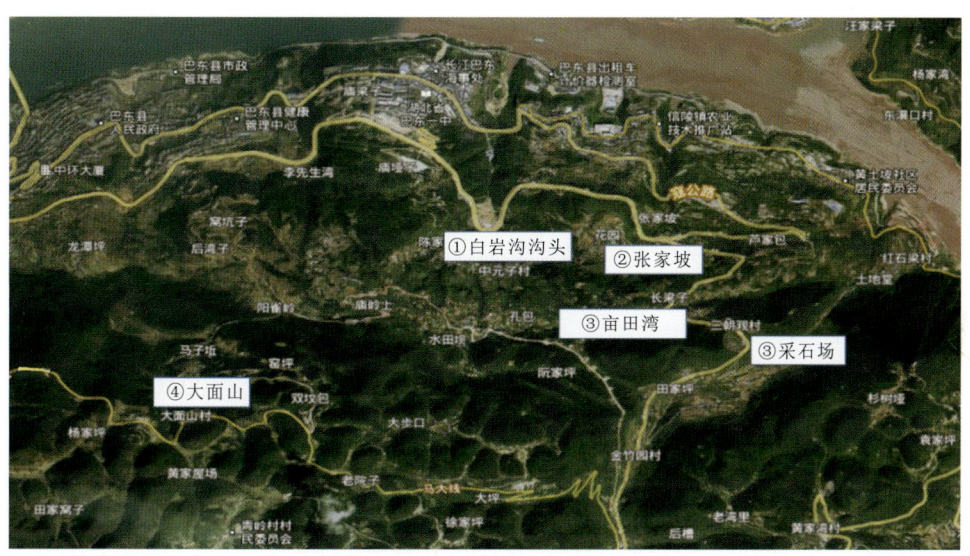

图 4-5 基础地质认识实习路线二(底图来源:奥维互动地图)

任务:①认识嘉陵江组(T_1j)与巴东组(T_2b);②初步认识断层;③初步认识滑坡地貌和河流峡谷地貌;④掌握野外定点、岩层产状测量、岩性识别、地质构造、地形地貌识别与描述等野外调查和记录的工作技能。

知识链接

断　层

断层是地壳岩石体(地质体)中顺破裂面发生明显位移的一种破裂构造。断层发育广泛,是地壳中最重要的构造类型。大断层常常构成区域地质格架,不仅控制区域地质的结构和演化,还控制和影响区域成矿作用,一些中型、小型断层常常直接决定某些矿床和矿体的产状。活动性断层则直接影响水工建筑甚至引发地震,因此,对断层的研究具有重要理论意义和实际意义。

地壳表层岩石一般为脆性,随着向地下深入,温度和压力增高,岩石也由脆性转变为韧性。因此,地壳岩石中的断裂主要表现出层次性:浅层次形成脆性断层或简称断层,在较深和深层次形成韧性断层或韧性剪切带,两者之间还存在一个过渡层次。

断层是一种面状构造。断层面是一个将岩块或岩层断开成两部分并借以滑动的破裂面,其空间位置由其走向、倾向和倾角确定。断层面往往不是一个产状稳定的平直面,顺走向或倾向都会发生变化。大的断层一般不是一个简单的面,而是一系列破裂面或次级断层组成的带,即断层(裂)带。断裂带内还夹杂或伴生搓碎的岩块、岩片及各种断层岩。断层规模越大,断裂带越宽越复杂。断层线是断层面与地面的交线,即断层在地面的出露线。断层线的形态决定于断层面的弯曲程度、断层面的产状及地面的起伏。断层面倾角越缓,地形起伏越大,断层线的形态也越复杂。断盘是断层面两侧沿断层面发生位移的岩块。如果断层面是倾斜的,位于断层面上侧的一盘为上盘,位于断层面下侧的一盘为下盘。根据两盘的相对滑动,相对上滑的一盘叫上升盘,相对下滑的一盘叫下降盘。断层两盘的相对运动可分为直移运动和旋转运动,断层的位移可以用滑距和断距来描述(图4-6)。

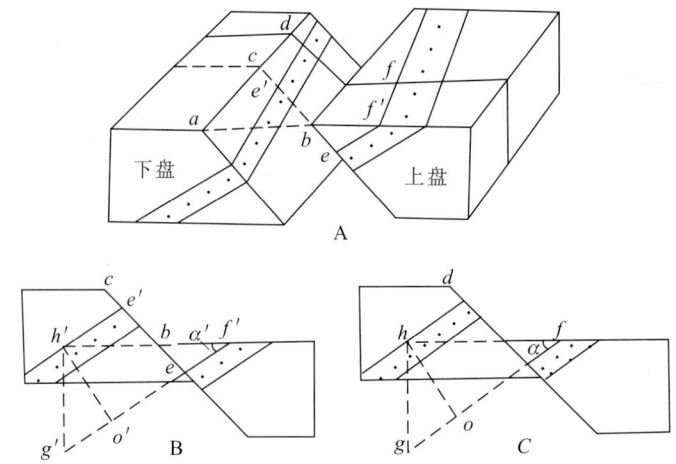

ab.总滑距;ac.走向滑距;bc.倾斜滑距;ho.地层断距;$h'o'$视地层断距;$h'g'$,hg.$h'g'=hg$,铅直地层断距;hf.水平地层断距 a.岩层倾角;a'.岩层视倾角。

图4-6 断层基本要素示意图(据叶俊林等,1996)

A.立体图;B.垂直断层走向的剖面;C.垂直岩层走向的剖面

按照断层两盘相对运动方向的不同,断层可划分为正断层、逆断层和走滑断层(图4-7)。正断层是上盘向下滑动,两侧相当的岩层互相分离。逆断层是上盘向上滑动,掩覆于下盘之上、断层面倾斜平缓(倾角小于25°)的逆断层则称逆掩断层。走滑断层也称平移断层,被错断的岩块沿陡倾的断层面做水平滑动,根据相对滑动方向的不同,又可分为左行和右行两类。

在野外,可通过擦痕、镜面与阶步等对断层性质进行识别。由于断层上、下盘相对错动,在断层面上常留下平行密集的擦纹,称为擦痕。擦痕的方向平行于岩块的运动方向,由于受力不同,擦痕的一头呈粗深的纹理,另一头呈浅细的纹理,断层滑动方向由粗至细。由于断

第四章 应急技术与管理专业实习路线

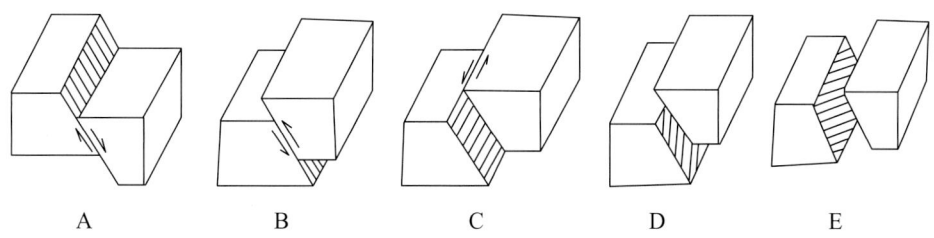

图 4-7 断层的分类(据叶俊林等,1996)
A. 正断层;B. 逆断层;C. 平移断层;D. 逆-平移断层;E. 正-平移断层

层两盘相对滑动摩擦,在断层面上产生较高温度,使得一些锰、钙、硅等矿物质粉末重新熔解,在断层面上形成平滑而光亮的薄膜,称为镜面。由于断层两盘相对错动,在断层面上往往存在垂直于擦痕方向的小陡坎,其陡坡和缓坡连续过渡者被称为阶步。如果陡坡和缓坡不连续,其间有与缓坡方向大致平行的裂缝或有呈大交角的裂缝隔开者被称为反阶步。阶步中从缓坡到陡坡的方向指示本盘岩块的运动方向,反阶步中陡坡的倾斜方向指示本盘岩块的运动方向。此外,一些地形、水文地质方面的证据也能作为断层识别的依据。

地　貌

地貌指地表起伏形态,也叫地形,由内营力和外营力相互作用而成。内营力形成空间尺度大的地貌单元,并控制着地球表面的基本轮廓;外营力则塑造地貌的细节,并力图使地表展缓夷平。地貌按形态的不同可分为山地、丘陵、平原、台地等;按成因的不同可分为构造地貌、侵蚀地貌、堆积地貌等;按形成地貌主要外营力的差异可分为流水、喀斯特、冰川、风成、海成等。由于内营力与外营力作用性质、强度和时间的差异,地貌外形呈现出不同的规模,可分出宏观地貌、中观地貌和微地貌等。

平原和山地按切割程度和起伏高度的不同可分为 7 种宏观形态类型:平原(切割深度一般小于 30m)、台地(切割深度一般大于 30m)、丘陵(起伏高度小于 200m)、小起伏山地(起伏高度 200～500m)、中起伏山地(起伏高度 500～1000m)、大起伏山地(起伏高度 1000～2500m)、极大起伏山地(起伏高度大于 2500m)。根据地貌面海拔高度(山地按山顶计海拔高度)的不同分为如下 4 级:低海拔($H<1000m$)、中海拔($H=1000～3500m$)、高海拔($H=3500～5000m$)、极高海拔($H>5000m$)。

No.1　白岩沟沟头

点位:白岩沟沟头。
点义:白岩沟泥石流物源及沟谷地貌。

描述：白岩沟平面形态呈近直线形,剖面形态呈"V"字形,切割深度 80~100m,西侧坡角为 30°~50°,东侧为陡崖,沟底纵坡降为 210‰。堆积特征为沟底有洪积的块碎石土堆积,表层为块石和碎石,厚 1~4m。

No.2 张家坡

点位：张家坡。
点义：①巴东组(T_2b^3)风化剖面;②黄土坡滑坡地貌特征。
描述：黄土坡滑坡后缘西侧,高程约 560m,可从高位观察黄土坡滑坡整体地貌与后缘特征。黄土坡滑坡是经过多次滑动而形成的结构复杂的古滑坡群,最近一次大范围滑动距今超过 10 万年,滑坡边界的破坏特征已被扰动,无法看到明显的剪切错动痕迹,但滑坡滑动所形成的阶梯状地形仍清晰可见。从滑坡侧面可看出,高程为 200~300m 与 400~500m 处的地形相对平缓(称作滑坡平台),分别位于临江 1 号滑体中部、后部及园艺场滑坡中部,各平台之间及滑坡后缘的地形则相对较陡。滑坡平台,又称滑坡台阶,是由于滑坡体上下不同部位岩土体滑动时间与速度不一致而形成的地表陡缓相间的台阶状地形。黄土坡滑坡后缘位于 520~580m 的高程范围,滑体与后缘未发生滑动的岩体之间形成的陡坎即为滑坡壁。滑坡平台与滑坡壁是野外滑坡识别的重要标志。

No.3 亩田湾—采石场

点位：亩田湾—采石场。
点义：①巴东组二段(T_2b^2)与巴东组一段(T_2b^1)的分界线;②巴东组一段(T_2b^1)与嘉陵江组三段(T_1j^3)的分界线;③嘉陵江组三段(T_1j^3)与嘉陵江组二段(T_1j^2)的分界线;④断层构造。
描述：各部分岩性同 No.1。

在巴东城区一带,断裂相对不发育,未发现区域性断裂,断裂规模小,延伸不长(最长的巴东断裂长 10 余千米),均为浅层次的脆性断裂。断裂按走向可分为近东西向断裂和北西向断裂。

巴东断裂(图 4-8)展布于东南部边缘,大致沿嘉陵江组(T_1j^3)与巴东组(T_2b^1)的分界线呈近东西向延伸,地貌上呈现明显的线形沟谷低地。破碎带宽窄不一,亩田湾段的相对较宽,宽约 130m,主断面产状 350°∠75°,构造岩以角砾岩、碎裂岩为主,其间夹有挤压透镜体。角砾成分复杂,源于 T_1j^3 的灰岩、白云岩和 T_2b^1 的灰绿色钙质泥岩、紫红色泥岩角砾混杂,无分选,角砾形状不规则且棱角明显。

第四章 应急技术与管理专业实习路线

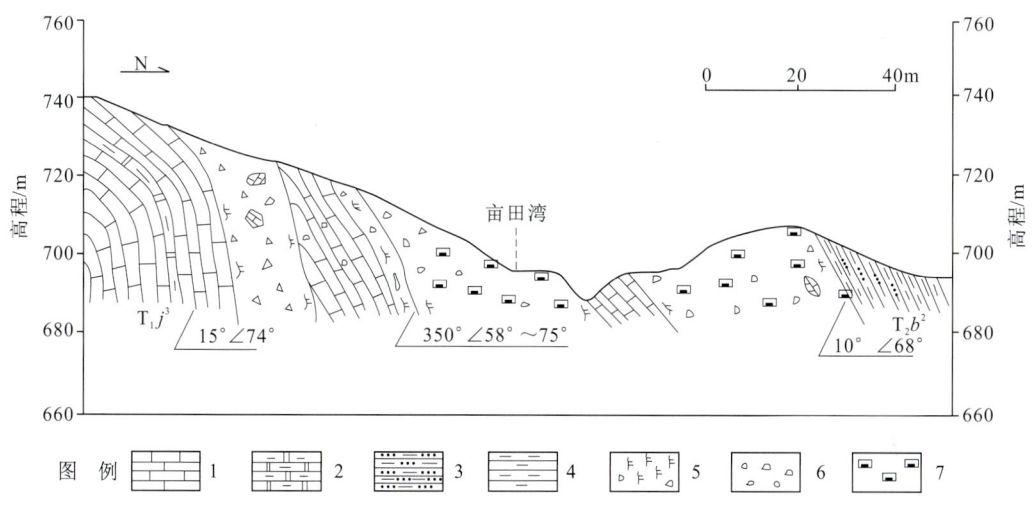

图例: 1. 灰岩; 2. 泥质白云岩; 3. 泥质粉砂岩; 4. 泥岩; 5. 糜棱岩; 6. 角砾岩; 7. 碎裂岩。

图 4-8 巴东断裂剖面图(据王孔伟等,2013)

No.4 大面山

点位:大面山。

点义:长江巫峡地貌。

描述:登上巴东县大面山村费家岭的视野开阔,这里是考察长江巫峡峡谷地貌(图 4-9)的绝佳地点。巫峡又名大峡,是位于长江三峡中间的第二峡,西起重庆市巫山县城东面的大宁河口,东至湖北省巴东县官渡口,全长 46km,分东、西两段,包括金蓝银甲峡和铁棺峡。巫峡是由长江横切巫山主脉背斜而形成的,峡谷特别狭长,谷深,奇峰突兀,层峦叠嶂,云腾雾绕,江流曲折,百转千回,船行其间,宛若进入奇丽的画廊,充满诗情画意。"万峰磅礴一江通,锁钥荆襄气势雄"是对它的真实写照。有诗曰:"巴东三峡巫峡长,猿鸣三声泪沾裳。"

图 4-9 巴东大面山巫峡口(侯林春 摄)

思考题

(1) 下三叠统嘉陵江组(T_1j)和中三叠统巴东组(T_2b)各段地层有何特征？如何区分？

(2) 地层接触关系有哪些类型？在野外如何判断地层接触关系？

(3) 岩层的产状有哪些要素？如何测量？

(4) 断层的类型有哪些？在野外如何判断断层类型呢？

第二节 地质灾害认识实习

路线一：基地—白岩沟—赵树岭—张家梁子—铜鼓包—焦家湾—枣子树坪—雷家坪—基地(图4-10)。

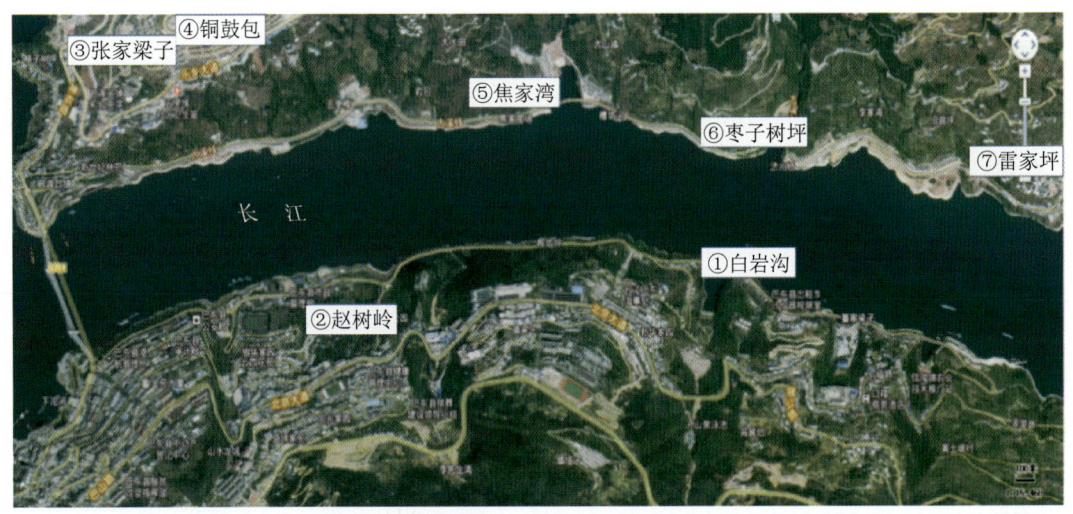

图4-10 地质灾害认识实习路线一(底图来源：奥维互动地图)

任务：①了解崩塌、滑坡、泥石流等地质灾害的形成机理；②了解地质灾害主要的监测技术手段；③了解地质灾害主要的防治工程技术手段；④掌握野外定点、地质灾害识别与描述等野外调查和记录的工作技能。

第四章 应急技术与管理专业实习路线

♻ 知识链接

地质灾害的基本概念

地质灾害:引起人类生命财产和生态环境损失的不良地质作用,主要包括滑坡、崩塌、泥石流、地面塌陷、地裂缝、地面沉降等灾害。

地质灾害成灾模式:形成地质灾害的地质条件组合关系和演化规律及其造成危害的典型方式。

崩塌:高陡斜坡上岩(土)体在重力和其他外力作用下突然脱离母体向下倾倒、崩落和翻滚,最后堆积于坡脚形成倒石堆的地质现象,也称"崩落、坍塌、垮塌或塌方"。崩塌的主要特征为:下落速度快,发生突然;崩塌体脱离母岩而运动;下落过程中崩塌体自身的整体性遭到破坏;崩塌物的垂直位移大于水平位移。具有崩塌前兆的不稳定岩土体称为危岩体。崩塌按照形成机理可分为倾倒式、滑移式、鼓胀式、拉裂式和错断式(表4-1)。

表4-1 基于形成机理崩塌的分类

类型	倾倒式崩塌	滑移式崩塌	鼓胀式崩塌	拉裂式崩塌	错断式崩塌
岩性	黄土,直立或陡倾坡内的岩层	多为软硬相间的岩层	黄土、黏土、坚硬岩层下伏软弱岩层	多见于软硬相间的岩层	坚硬岩层、黄土
结构面	多为垂直节理,陡倾坡内一直立的层面	有倾向临空面的结构面	上部为垂直节理,下部为近水平结构面	多为风化裂隙和垂直拉张裂隙	垂直裂隙发育,通常无倾向临空面的结构面
地貌	峡谷、直立岸坡、悬崖	陡坡,坡角通常大于55°	陡坡	上部突出的悬崖	坡角大于45°的陡坡
受力状态	主要受倾覆力矩作用	滑移面主要受剪切力作用	下部软岩受垂直挤压作用	拉张作用	由自重引起的剪切力
起始运动形式	倾倒	滑移、坠落	鼓胀伴有下沉、滑移、倾倒	拉裂、坠落	下错、坠落
示意图					

在自然地质作用和人类活动等因素的影响下,斜坡上的岩土体在重力作用下沿一定的软弱面整体或局部保持岩土体结构而向下滑动的过程和现象及其形成的地貌形态,称为滑坡。滑坡的主要特征为:发生变形破坏的岩土体以水平位移为主,除滑动体边缘存在为数较少的崩离碎块和翻转现象外,滑体上各部分的相对位置在华东前后编号不大;滑动体始终沿着一个或几个软弱面(带)滑动,岩土体中各种成因的结构面均有可能成为滑动面;滑坡滑动过程可以在瞬间完成,也可能持续几年或者更长时间。滑坡的主要结构要素如图4-11所示。

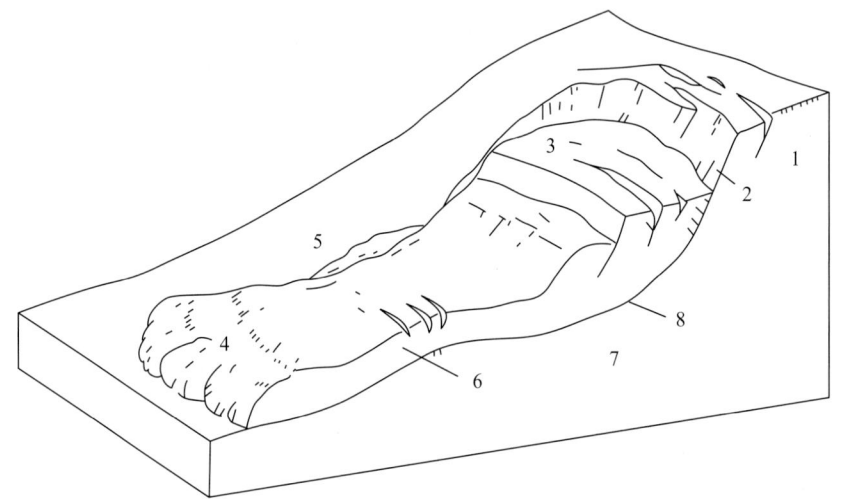

1. 后缘环状拉裂缝;2. 滑坡后壁;3. 拉张裂隙及滑坡台阶;4. 滑坡舌及鼓张裂隙;5. 滑坡侧壁及羽状裂隙;6. 滑坡体;7. 滑坡床;8. 滑动面(带)。

图4-11 典型滑坡的结构要素示意图(据李智毅等,2007)

泥石流是发生在山区的一种携带大量泥沙、石块的暂时性湍急水流,其固体物质的含量有时超过水量,是介于砂水流和滑坡之间的土石、水、气混合流或颗粒剪切流。泥石流是地质、地貌、水文、气象、植被等自然因素和人为因素综合作用的结果。泥石流多发生在新构造运动强烈、地震频发的山区沟谷中,具有暴发突然、流速极快、挟带力强、历时短暂和破坏性大等特点,可以在短时间内冲毁地表建筑、运输线路、桥梁等设施,甚至毁坏整个城镇和途经的居民点,造成重大的人员伤亡和财产损失。按泥石流发育地貌的不同,泥石流可以划分为标准型泥石流、沟谷型泥石流和坡面型泥石流。

地质灾害的调查

地质灾害的调查手段多样,针对不同调查精度,调查手段的选择也不同。以下针对1∶5万比例尺的地质灾害调查介绍主要的调查技术要求。

(1)遥感调查:在一般调查区开展地质灾害调查时应主要选用空间分辨率不小于5m的

第四章 应急技术与管理专业实习路线

多光谱遥感数据。在重点调查区应选用空间分辨率优于1m的遥感数据或无人机遥感数据。影像数据时效性不宜超过2年,云、雪等覆盖率不宜大于5%,应选择地震、强降雨等对地质环境有重大影响的事件之后的影像数据。应解译出影像图中图斑面积大于4mm²的地质体和长度大于2mm的线状地物,小于解译精度的应用规定的符号表示。解译的界线与影像误差不应大于2mm。宜采用无人机、机载雷达、合成孔径雷达干涉测量等技术,获取高精度数字表面模型、数字高程模型和地表形变等信息,分析地质灾害分布发育和变形特征。

(2)地面调查:地质灾害条件调查宜采用追索法及穿越法,应按照调查精度要求布设调查线路和控制点,查明调查区孕灾地质条件和地质灾害特征。应采用槽探、浅井等方法揭露工程地质岩组界线、地表裂缝、滑坡边界、断裂破碎带、风化层、软弱层等重要地质现象。对危害较大或典型的地质灾害点应进行1:500~1:2000的工程地质测绘;调查的灾害点应填写调查表格。在一般情况下,滑坡调查点定在滑坡后缘中部,泥石流调查点定在堆积扇扇顶,崩塌调查点定在崩塌(危岩体)前缘,地面塌陷调查点定在塌陷坑的周缘,地面沉降调查点定在地面沉降中心,地裂缝调查点定在裂缝位移最大区段。

(3)物探:应重点在典型斜坡区段、地质灾害隐患点、崩塌(危岩体)源区、地面塌陷区、泥石流堆积扇、采空区等位置,结合测区地形地物条件,合理布置物探测线,重点探测工程地质岩组界线、斜坡结构类型、基覆界面、软弱层、风化程度、塌陷坑、地下空洞、地下水位、节理裂隙、滑面(带)等。物探剖面方向应按垂直探测对象的总体走向或沿着地质灾害条件变化大的方向布设。测线长度、间距应能控制被探测对象。物探的探测深度应大于地质灾害体厚度、基覆界面深度、裂缝深度、塌陷坑深度、地下水埋深、软弱层深度及钻孔深度等。物探工作应在工程地质钻探之前进行,成果应结合钻探成果进行验证和二次解释,提高物探成果的准确性。物探成果报告应论述工作方法、地质体的地球物理特征、资料的解释推断、结论和建议,并附相应的工作布置图、平面图和剖面图、曲线图、解释成果图等。

(4)钻探:钻探工作量应重点布设在具有代表性的斜坡体、工程地质区段及地质灾害隐患点上。钻探应以揭露地质结构为目的,重点揭露控制性结构面、软弱层、潜在滑面(带)、覆盖层、风化带、地下水等特征。钻孔编录应按钻进回次逐次记录,钻孔地质编录应按统一的表格记录。岩芯采取率不应低于80%,钻孔深度应穿过目标层位3~5m。岩芯的地质编录应重点描述滑带、软弱层、风化程度、裂缝、岩溶等内容;应记录地下水变化情况、取样信息和钻进异常现象等。钻孔竣工后,应及时提交钻孔柱状图和剖面图、钻孔施工设计书、钻探班报表、岩芯记录表、岩芯照片集、采样记录、简易水文地质观测记录、钻孔施工小结等资料。钻孔验收后,对不需保留的钻孔宜进行封孔处理。在野外成果验收前,宜保留各孔岩芯样品。

(5)山地工程:应以探槽和浅井为主,调查探测对象的规模、边界、物质组成、形成条件等,获取现场试验参数等。山地工程应布置在重要的地质灾害(隐患)点、勘查点及重点测绘区段等。探槽、浅井的深度应根据调查需要和施工安全具体确定,对探槽、浅井应及时进行详细编录,制作比例尺为1:20~1:100的展示图或剖面图。应提交地质编录图表、施工小结、照片集等；宜提交重要地段施工记录（支护、变形情况、地下水排水措施等）、取样记录等。槽探、浅井等山地工程竣工后应及时回填，必要时进行保护与封闭。

(6) 测试与试验：应以原位测试与室内试验相结合的方式进行。在采用原位测试获取岩土体物理力学参数时，宜选择现场直剪试验、大重度试验、孔内波速测试、岩石声波测试、点荷载试验等方法。室内试验可用于测试岩土体物质成分及物理力学性质等。

针对不同类型的地质灾害，调查的内容和重点亦有差异。

(1) 滑坡调查：应调查滑坡的类型、规模、形态、活动状态、运动形式、边界条件、活动历史等基本特征，调查滑坡所在斜坡的地层岩性、地质构造、斜坡结构类型、水文地质条件等。应调查分析滑坡的诱发因素、分布规律、形成机理和成灾模式等，评价滑坡的稳定性、危险性和危害性。

(2) 崩塌调查：应调查崩塌的类型、分布高程、规模、活动状态、变形历史、堆积体等；调查崩塌发生斜坡的地层岩性、岩体结构、软弱层、节理裂隙、风化程度、地下水基本特征等。应调查崩塌诱发因素、形成机理、成灾模式、致灾范围等，圈定崩塌源和崩塌堆积区，分析崩落路径，评价崩塌的稳定性、危险性和危害性。

(3) 泥石流调查：应调查泥石流的类型、地形地貌特征、松散物储量、沟口扇形地特征、水动力条件、活动状态、活动历史、堵塞程度等，调查分析泥石流物源区、流通区和堆积区的基本特征。调查泥石流的物源补给途径、一次冲出方量、防治情况、致灾对象等，评价泥石流的易发性、危险性和危害性。

地质灾害的监测

地质灾害监测的主要目的是了解和掌握地质灾害的演变过程，及时捕捉灾害的特征信息，为灾害的分析、评价、预测预报及治理提供可靠的资料和科学依据。地质灾害监测的主要内容包括地质灾害本体的监测、承灾对象的监测和环境因素的监测。其中，地质灾害本体的监测内容通常包括地表变形、地下变形、地表水位和地下水位等；承灾对象的监测内容包括地质灾害影响范围内建筑、道路等基础设施等；环境要素的监测内容包括降雨、温度等。

地质灾害监测方法多样，包括基于群测群防的简易监测和基于专业设备的专业监测。随着航空遥感和物联网技术的发展，地质灾害的监测可以实现"天－空－地"一体化的实时监测，图4-12为用于滑坡的典型监测手段。

地质灾害的防治

地质灾害防治工程是针对自然或人为作用产生的有害地质作用进行防护与治理的工程或措施。地质灾害防治工程设计与施工必须遵循地质原则、效益原则、技术原则、目标原则、环境原则、整体优化原则和社会安定原则7项基本原则。地质灾害防治工程设计必须根据

第四章　应急技术与管理专业实习路线

图 4-12　滑坡"天-空-地"一体化监测手段示意图

地质体的破坏机制对症实施,避免忽视地质条件分析和斜坡破坏机制研究,或仅从地质条件分析出发而忽视工程技术的可行性。在实际工作中,防治工程应以改善地质体自身及周围的生态环境为原则,把地质灾害体作为一个系统工程来对待。

　　崩塌落石防治的主要措施如图 4-13 所示。滑坡防治的主要措施如图 4-14 所示。泥石流防治的主要措施如图 4-15 所示。

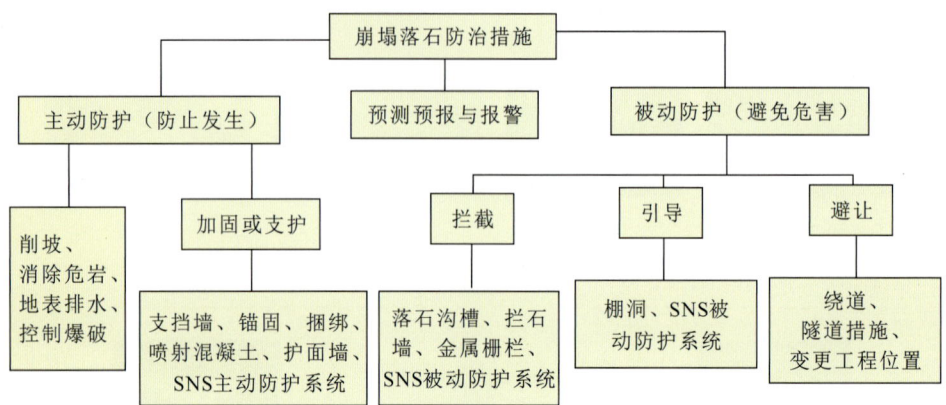

图 4-13　崩塌落石防治的主要措施

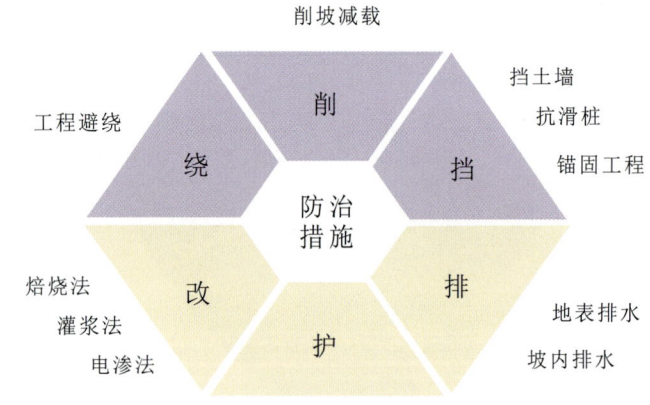

图 4-14　滑坡防治的主要措施

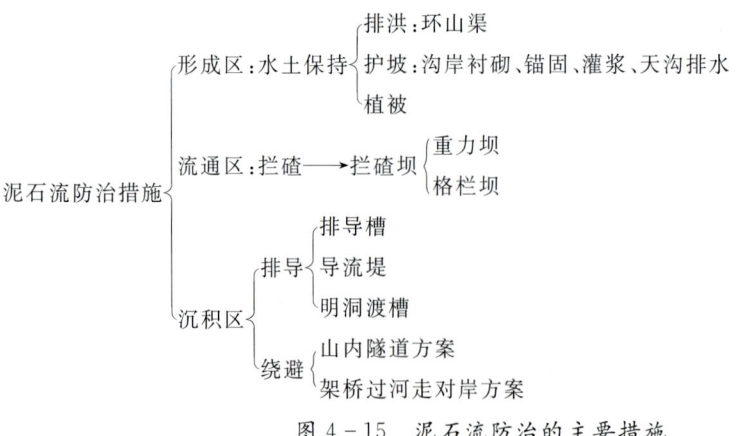

图 4-15　泥石流防治的主要措施

第四章　应急技术与管理专业实习路线

No.1　白岩沟

点位：白岩沟泥石流。

点义：泥石流的形成机理与影响因素。

描述：在巴东城区，泥石流是继滑坡之外又一严重的地质灾害类型。随着新县城的建设，大量弃碴、弃土堆积在新城区的冲沟里，为泥石流暴发提供了物质来源。在巴东县新城区，冲沟较为发育，自东向西规模较大的有头道沟、二道沟、三道沟、四道沟、凉水溪、白岩沟、铜盆溪和黄家大沟，是该地区排泄地表水和地下水的主要通道。泥石流灾害也成为巴东县新城区不可忽视的地质灾害问题。

白岩沟长1.8km，汇水面积为3.2km^2，沟头至沟口的高差为350m，平均坡度为11°。冲沟流域可见明显的形成区、流通区与潜在堆积区(图4-16)。其中，沟头为土石弃碴场，为泥石流发育提供了物质来源；流通区沟谷宽度变窄，坡度增大，如遇极端暴雨情况，存在发生泥石流的危险。

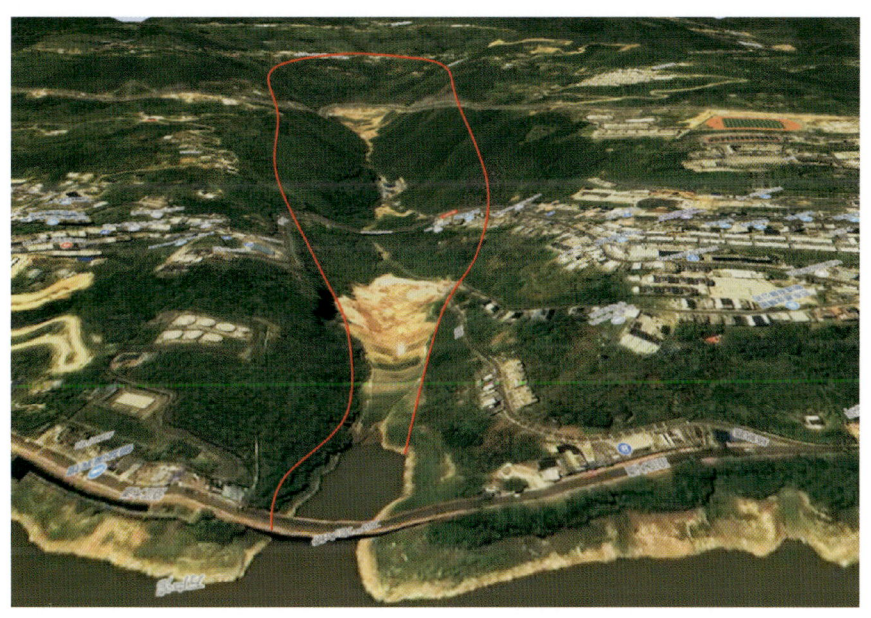

注：红线区域为流域范围。

图4-16　白岩沟影像图(底图来源：奥维互动地图)

No.2　赵树岭

点位：赵树岭滑坡。

点义：赵树岭滑坡的识别和调查方法。

描述：赵树岭滑坡位于巴东县云沱乡云沱村，位于长江三峡西陵峡与巫峡交界处，距三

99

峡大坝坝址约74km。滑体中部、前部基本等宽,即东西向宽约600m,南北向长1300~1600m,面积为82.3万m^2,体积约为5000万m^3。滑体前缘高程为65~100m,目前已被江水淹没。滑体东侧边界一带略呈凹槽地形,推测沿该凹槽分布一条近南北向断层。滑体西侧边界较模糊,总的特征是滑体凸起呈南北向的山梁地形。滑体后缘西侧为陡缓坡交界处,高程为500~510m,陡坡为滑坡壁,走向近东西,坡角为35°左右。东侧由于次一级滑体的叠加,后部滑体呈扇形,高程550~450m的坡体略凸,高程550~600m的呈小型凹地,滑体最高点高程为596m,滑体斜坡总体呈阶梯状,前部高程在150m以下,至长江边为坡角30°~50°的斜坡,高程150~200m的为第Ⅰ级缓坡平台,200~350m的为坡角20°~30°的斜坡,350~425m的为第Ⅱ级缓坡平台,425~475m的为坡角30°左右的斜坡,475~500m(东部525m)的为第Ⅲ级缓坡平台,500m以上的为坡角30°~40°的斜坡。在东西方向上,滑体与周边地形亦呈阶梯状,即滑体高于西部的黄家屋场一带,又低于东部的狮子包-田家梁子基岩山梁。

赵树岭滑坡为发生在T_2b^2、T_2b^3中的特大型顺层岩质滑坡,其物质主要源于T_2b^3,部分源于T_2b^2。该滑体物质主要有3类:滑动岩体、碎块石夹土及碎石土。滑动岩体主要分布于滑体中心部位(高程200~400m),岩体呈层状结构并保持一定的层序,与正常基岩差别不明显。云19孔西边冲沟中分布有小范围源于T_2b^2的红色岩层,并见T_2b^3与T_2b^2的界线,其余的层状滑动岩体原岩大多为T_2b^3灰岩。碎块石夹土分布于滑体前部、两侧及中后部(高程400~470m)的较陡斜坡上,大多为黄色—灰黄色,碎块石成分为灰岩、含泥灰岩,仅李家坡小学附近及前缘局部见红色泥岩、泥质粉砂岩碎块石夹土,结构松散。碎石土主要分布于滑坡Ⅰ级~Ⅲ级缓坡平台上,呈黄色,碎石、角砾成分为含泥灰岩,稍密—中密状,厚度一般小于5m,地表已开垦为梯田或坡耕地。

赵树岭滑坡滑带形态受地形及岩性产状的控制,呈波状起伏。前部滑带均反翘,滑面倾向近南,倾角为8°~11°,反翘段长140~160m;后部滑带倾向近北,倾角为25°~32°。在赵树岭滑坡1-1'地质工程剖面中,与滑床接触的滑带物质为红色黏土夹红色角砾或碎石。滑坡区出露的T_2b^3地层中见多层软弱破碎带,这些破碎带具有不顺层、不连续、厚度变化大等特点,且各层软弱破碎带互不平行,各具特点,构成了各不同期次滑坡的滑动面(或滑带),其中最低一个滑带位于T_2b^3与T_2b^2的界面附近,该滑带在形状上基本与地形起伏一致,前部及中部较缓,后部及下部较陡。据平硐PD1揭露,在硐深170~240m深度范围内可见3层滑带,硐深分别为178~180m、186~193m和233.5~235.5m,产状分别为32°∠28°、325°∠32°和350°~360°∠24°,其中前两个滑带为碎石及黄色泥,碎石成分为灰岩和泥质灰岩,粒径为2~5cm,表面光滑并有黑色铁锰质膜,滑带中见平行滑带展布的光滑裂面,面上有擦痕和镜面,见铁锰渲染。在硐深235m左右的滑带为最深一层滑带,下部为紫红色含砾黏土,厚度0.3~0.5m,角砾呈次圆状,表面有铁锰质,见一组产状145°∠45°的破劈理,下部基岩中见产状350°∠24°的光滑裂面,面上擦痕、镜面清晰。上部为红色砾质粉土或砾砂质黏土,厚0.5m左右。滑带之上为红色碎块石夹土。下伏T_2b^2基岩岩体近滑带部位厚数十厘米,受扰动比较破碎,其下岩体新鲜、完整。地面调查表明,赵树岭滑坡目前比较稳定,未见任何由滑坡整体失稳而引起的变形破坏(图4-17)。

第四章 应急技术与管理专业实习路线

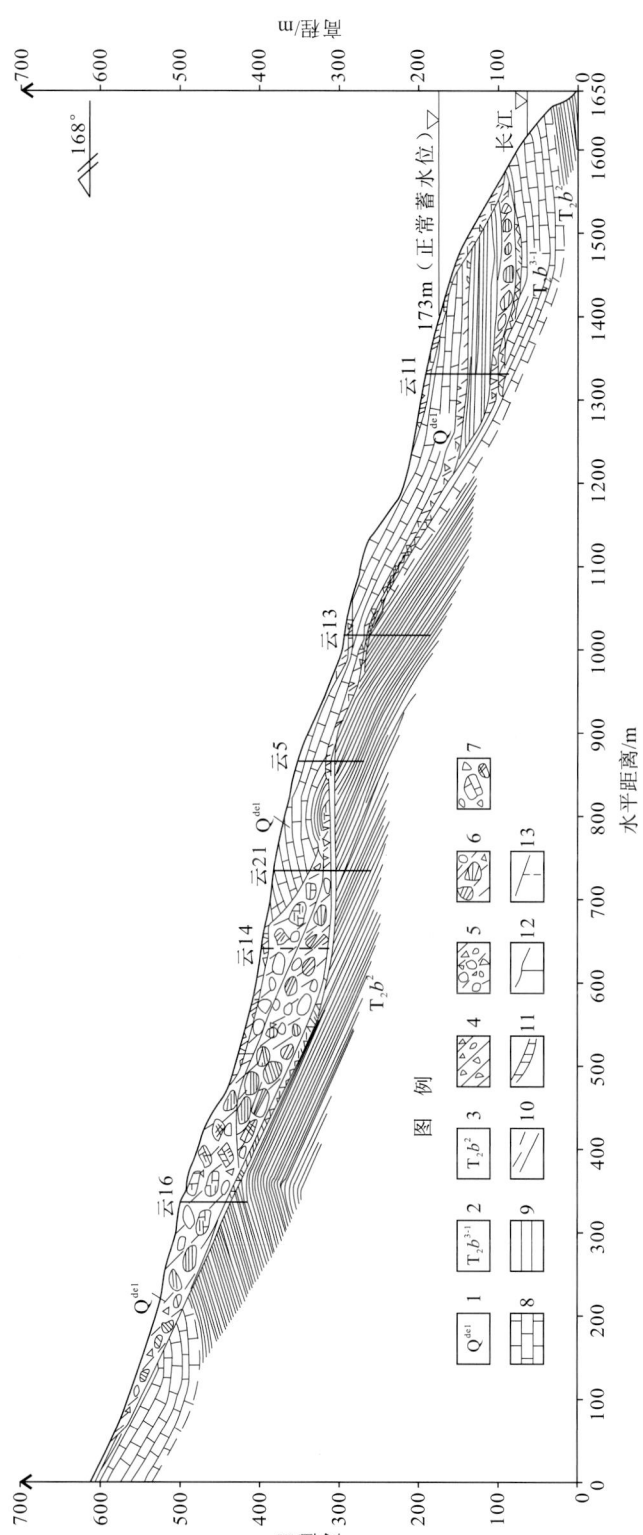

图 4-17 赵树岭滑坡 1-1′工程地质剖面图（据范国荣，2019）

1. 滑坡堆积物；2. 巴东组三段第三层；3. 巴东组三段第二段；4. 碎石土；5. 碎块石夹土；6. 红色泥岩碎块石夹土；7. 灰色灰岩碎块石夹土；8. 灰岩、含泥灰岩；9. 泥岩、粉砂岩、泥质粉砂岩；10. 地层岩性界线；11. 滑带；12. 投影钻孔；13. 钻孔。

No.3 张家梁子

点位：张家梁子滑坡。
点义：滑坡综合治理工程。
描述：张家梁子滑坡位于 G209 K1742＋620M 地段和官渡口集镇，面积为 5.33 万 m^2，体积为 63 万 m^3。2015 年 7 月，因受持续强降雨影响，坡体不断变形下滑。2015 年 10 月 20 日，治理工程开工建设，采取削坡反压、挡土墙、抗滑桩、格构锚固、地表排水工程等综合治理措施。

No.4 铜鼓包

点位：铜鼓包边坡。
点义：典型边坡支护工程。
描述：铜鼓包边坡是典型的边坡支护工程案例。边坡支护工程主要措施包括以下几方面。

（1）桩板式挡土墙（图 4-18）：桩板式挡土墙利用桩体埋入地基嵌固端与桩前土被动土压力维持挡土墙的整体稳定，适宜于土压力相对较大、墙高超过一般挡土墙设计高度限制的情况。

（2）喷锚支护：高压喷射混凝土、锚杆与钢筋网组成的联合支护结构，既可用于临时加固局部岩（土）体，也可作为中小型边坡的永久支护措施。

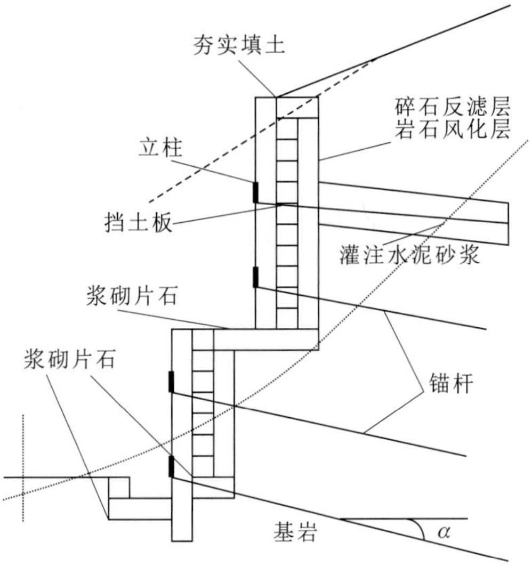

图 4-18 桩板式锚杆挡土墙结构示意图
（据项伟等，2019）

No.5 焦家湾

点位：焦家湾崩塌。
点义：巴东组第二段（T_2b^2）典型崩塌。
描述：中三叠统巴东组二段（T_2b^2）下部为灰色中厚层硅化含灰泥质生物碎屑灰岩，灰质泥岩；中部为浅灰色薄层—中厚层砂屑灰岩，生物碎屑鲕粒灰岩；上部为白云岩、黏土岩夹钙质页岩、灰质泥岩。此外，还应描述斜坡结构、结构面产状、节理发育特征、岩石完整程度、结构面结合程度情况和崩塌危险性等。

第四章 应急技术与管理专业实习路线

No.6 枣子树坪

点位：枣子树坪崩塌。

点义：巴东组三段(T_2b^3)典型崩塌。

描述：中三叠统巴东组三段(T_2b^3)下部为浅灰色—黄灰色薄—中厚层泥质灰岩与灰质泥岩互及厚层灰岩、白云岩及灰绿色、黄色钙质泥岩；上中部为灰色中厚—厚层泥质灰岩与灰质泥岩互层夹多层灰岩、白云岩。此外，还应描述斜坡结构、结构面产状、节理发育特征、岩石完整程度、结构面结合程度情况和崩塌危险性等。

No.7 雷家坪

点位：雷家坪

点义：①黄土坡滑坡地貌特征；②巴东组四段(T_2b^4)地层岩性；③地表变形监测新技术。

描述：中三叠统巴东组四段(T_2b^4)：紫红色粉砂岩夹细砂岩、泥岩。

隔江远眺黄土坡滑坡全貌(图4-19)，认识滑坡周界的地貌特征。

图4-19 黄土坡滑坡全貌影像图

合成孔径雷达是一种高分辨率的二维成像雷达。它作为一种全新的对地观测技术，近年来获得了快速发展，现已逐渐成为一种不可缺少的遥感手段。雷家坪对黄土坡滑坡变形的监测是基于合成孔径雷达干涉测量(InSAR)技术开展的(图4-20)。InSAR技术已经广泛用于地形测绘、DEM重建、地面沉降、地震变形、矿山形变、火山活动、冰川漂移、山体滑坡及大型线性工程形变监测等领域。

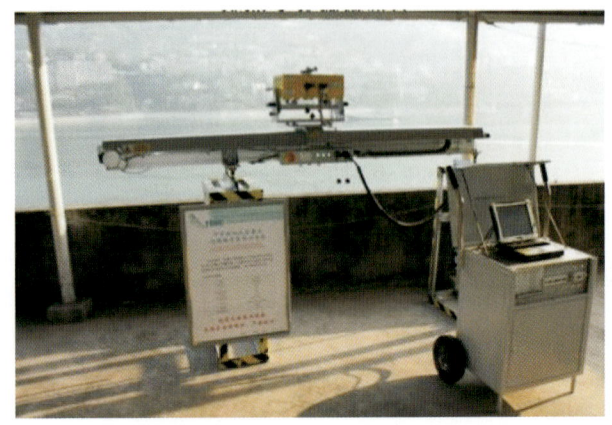

图 4-20　基于 InSAR 技术的地表变形远程监测系统(侯林春　摄)

路线二:基地—巴东黄土坡滑坡野外综合试验场实习—基地(图 4-21)。

图 4-21　黄土坡滑坡野外综合试验场实习路线(据项伟等,2019)

任务:①了解三峡库区巴东县移民搬迁历史;②了解黄土坡滑坡野外综合试验场的建设过程和科学意义;③了解黄土坡滑坡的基本概况、黄土坡滑坡深部岩土类型与地下结构,滑带基本特征与辨别方法;④了解黄土坡滑坡勘查、监测设备类型与工作原理、防治措施。

No.1　王家滩大桥

点位:王家滩大桥西侧桥头。

点义:黄土坡滑坡工程地质条件。

第四章 应急技术与管理专业实习路线

描述：巴东县新、老县城均位于巫峡与西陵峡之间的长江南岸，新县城最东部的社区位于黄土坡滑坡上，常住人口1800人，房屋和居民大多集中在180~350m高程的滑坡中、前部。滑坡的存在严重威胁着居民的生命财产安全。已有研究成果认为：黄土坡滑坡一旦整体滑动至175m水位时，其涌浪高达70多米，将会造成不可估量的灾难。为了最大限度地降低风险，政府正在实施黄土坡滑坡上的居民整体搬迁工作。黄土坡滑坡所在地处于长江黄金水道拐弯处，东距长江三峡大坝70km（距宜昌市116km），西距巫山县城55km。

黄土坡滑坡区位于西陵峡和巫峡之间的过渡地带，从地貌单元上看，属于构造侵蚀中低山峡谷区，该区最大高程为1230m，最小高程为700m，相对高差达到600m。黄土坡滑坡先后发生过多次滑动，使得其上发育多级平台，坡面形态呈现为陡缓交替的折线形。此外，坡上冲沟发育，从东向西依次为二道沟、三道沟、四道沟，均呈近南北向展布，三道沟以西较缓，三道沟以东较陡。黄土坡滑坡区出露主要为中三叠统巴东组和第四系松散堆积层。滑坡区构造主要为官渡口复向斜及一系列次级小褶皱，仅发育一条规模较大的张扭性断裂，位于新码头江边一带。黄土坡滑坡区及其邻近地区地下水类型主要为碳酸盐岩岩溶水、碎屑岩裂隙水、碳酸盐岩夹碎屑岩岩溶水与松散堆积层孔隙水。

黄土坡滑坡面积为135万 m^2，体积为6934万 m^3，由临江1号滑坡、临江2号滑坡、变电站滑坡、园艺场滑坡组成（图4-22、图4-23）。

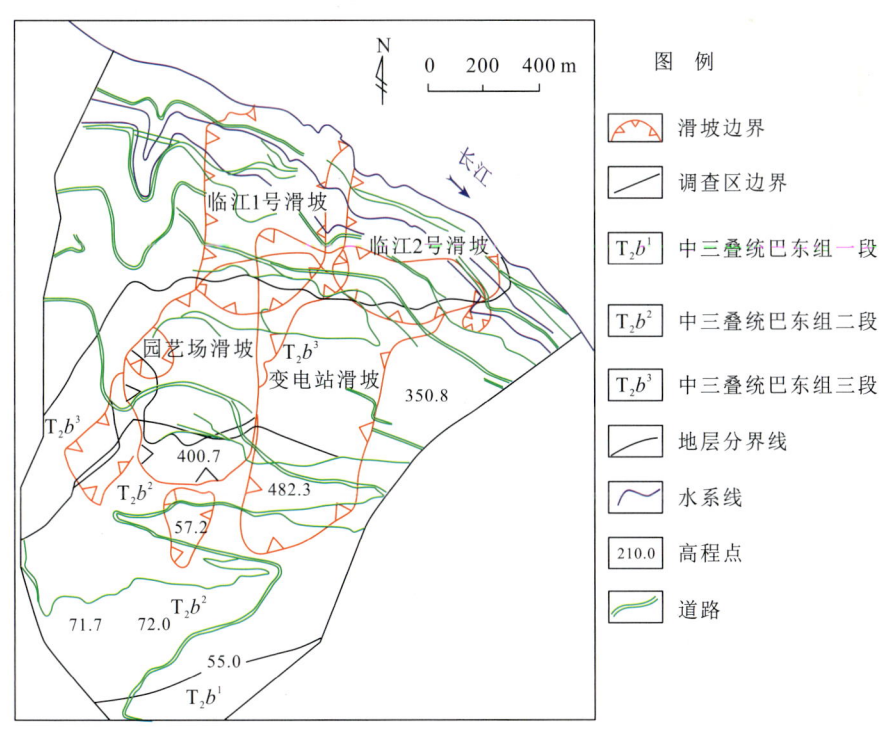

图4-22 黄土坡滑坡平面图（据唐辉明等，2018）

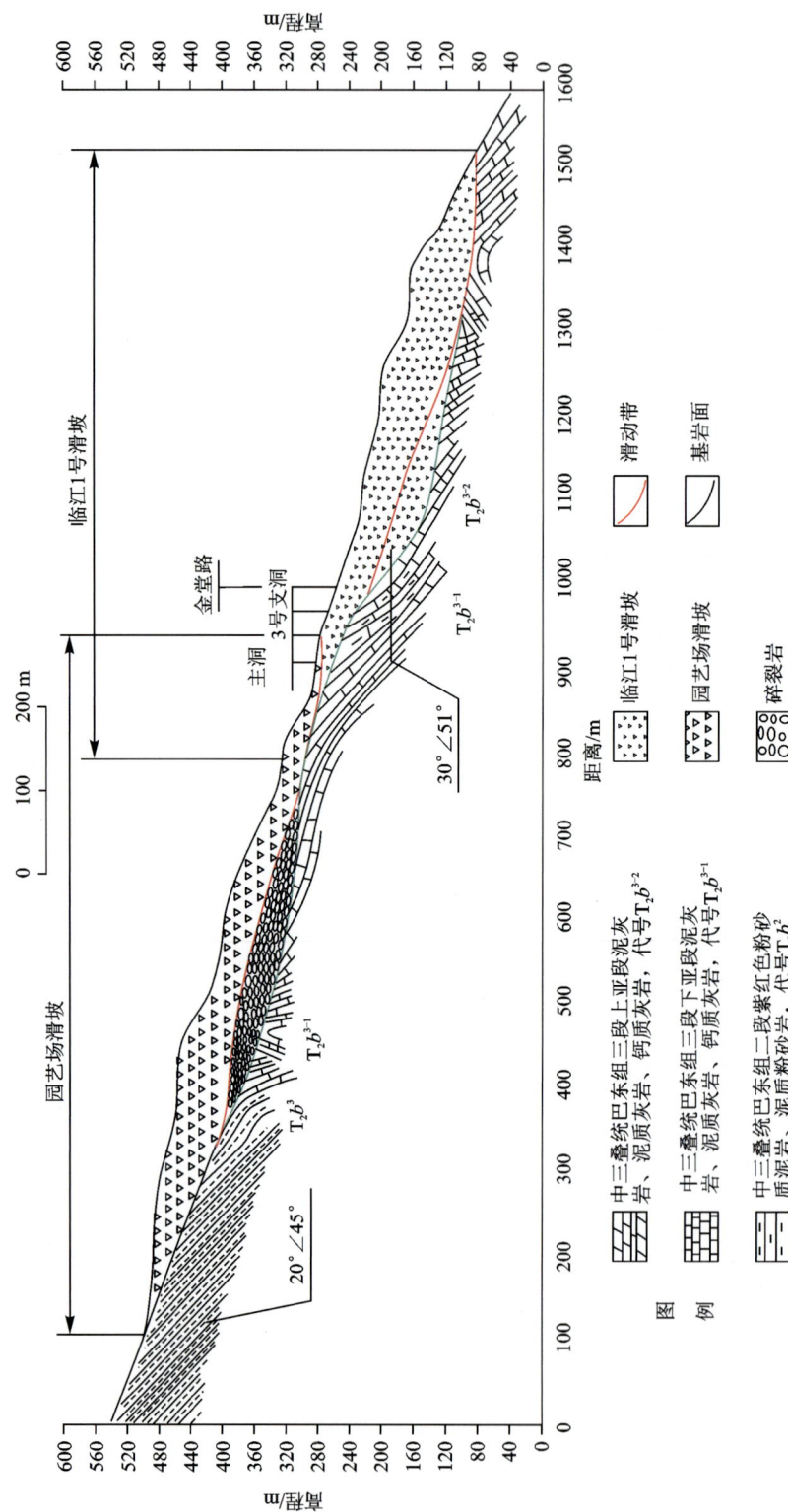

图 4-23 临江 1 号滑坡双层滑带剖面图（据唐辉明等，2018）

第四章 应急技术与管理专业实习路线

No.2 巴东野外综合试验场

点位：巴东野外综合试验场。

点义：巴东野外综合试验场概况；黄土坡滑坡深部特征及监测方法。

描述：湖北巴东地质灾害国家野外科学观测研究站(简称湖北巴东地质灾害国家野外站)依托中国地质大学(武汉)建设，于 2009 年在湖北省巴东县开始项目建设，于 2012 年建成了包括巴东大型野外综合试验场、秭归马家沟地质灾害防治野外试验场等观测基地在内的综合观测站，于 2019 年获批中华人民共和国教育部野外科学观测研究站和湖北省野外科学观测研究站，于 2020 年经中华人民共和国科学技术部(简称科技部)获批进入国家野外科学观测研究站序列。

湖北巴东地质灾害国家野外站主观测场地位于三峡库区巴东县。巴东县是三峡库区地质灾害最频发地区之一，是唯一一座因三峡水库蓄水引起滑坡变形导致二次搬迁的县城，也是三峡库区地质灾害最发育的三叠系巴东组的主要出露区。湖北巴东地质灾害国家野外站立足于巴东县，面向三峡库区全境，开展水库运行条件下地质灾害野外科学观测研究，在观测区域和科学研究领域都具有典型代表性。湖北巴东地质灾害国家野外站的观测体系以巴东大型野外综合试验场为主体，包括秭归马家沟野外试验场、地质灾害地球物理监测站和覆盖三峡库区全境的流动监测点，通过对地质灾害的野外综合观测，开展水库运行条件下地质灾害野外科学研究。其中，巴东大型野外综合试验场通过在地质体内开挖隧洞群的方式进行地质灾害科学观测，开创了国内国际地质灾害领域研究新模式。

湖北巴东地质灾害国家野外站总占地面积约 $6313m^2$，其中，巴东野外综合试验场占地面积约 $5000m^2$，综合实验楼占地面积为 $1313m^2$。野外站现有科研与生产仪器设备 106 套，包括大型野外监测仪器设备及与野外监测相关的室内科研试验设备，固定资产总值约 8350 万元，涉及基础地质、地球物理、工程地质、水文环境等各个学科领域，建有 MTS 大型岩石力学、电感耦合等离子体发射光谱、释光定年等多学科实验室。以大型巴东野外综合试验场为主体，三峡库区地质灾害综合试验场与监测网点提供了全球最先进的地质灾害实验研究基地和学术交流平台，开展了国家重点基础研究发展计划(973 计划)、国家自然科学重大项目、重点研发计划项目和国家自然科学基金重点项目等一系列地质灾害防控基础理论研究和工程实践活动，在地质灾害理论创新和新技术开发方面取得了一系列重大成果。

湖北巴东地质灾害国家野外站基于长期野外科学观测及高水平野外科学试验，在地质灾害演化模式、多场多维信息化预测预警、灾变防控技术等方面已取得了一系列创新研究成果。历经多年建设，湖北巴东地质灾害国家野外站已成为具有重要影响的观测基地，得到了业界的广泛认可，先后获批科技部国家科技合作示范基地、自然资源部科普教育基地、国家"111 计划"重大地质灾害预测与防控学科创新引智基地、联合国教科文组织地质环境减灾教席、中国产学研合作创新示范基地、湖北省博士后创新实践基地、湖北省科普教育基地、中国岩石力学与工程学会科普教育基地、国家"111计划"重大地质灾害预测与防控学科创新引智基地等。

No.3　三道沟

点位：黄土坡滑坡前缘。

点义：黄土坡滑坡防治工程。

描述：黄土坡滑坡临江滑坡体塌岸防护及地表排水工程总投资约1.29亿元，主要工程措施为削坡整形、锚杆格构、砌石护坡、抗滑桩、三道沟填筑与地表排水等。整个工程按地形和工程类型划分为3个标段，以三道沟为界，将防治工程东、西划分为A、B两个标段，地表排水工程作为C标段。其中135m高程水位以下工程量约占总工程量的55%。该项工程于2002年10月开工，于2003年4月底完成135m水位以下的全部工程，于2004年7月11日完成全部工程量施工任务。然而，黄土坡滑坡存在深层滑移、浅层滑移和塌岸问题，目前已投入使用的前缘塌岸防护与排水工程可提高滑坡前缘浅层稳定性，但仍不能从根本上解决整个坡体深层滑移问题，该滑坡的安全隐患依然存在。根据黄土坡滑坡影响因素众多的特点，滑坡防治采取了抗滑护坡、地表排水、沟道填筑、监测预警等工程措施进行综合治理。

思考题

(1) 崩塌、滑坡和泥石流的相同点和不同点有哪些？
(2) 崩塌、滑坡和泥石流在野外调查和识别时有哪些需要注意的调查内容？
(3) 滑坡监测主要有哪些监测手段？如何选用？
(4) 地质灾害防治工程设计时应注意哪些问题？如何选择最优防治方案？

第三节　灾害事故应急处置与管理认识实习

路线：基地—巴东县应急管理局—基地(图4-24)。

任务：①了解巴东县应急管理工作流程；②了解巴东县地质灾害风险评估和应急预案工作要求。

第四章 应急技术与管理专业实习路线

图 4-24 地质灾害应急处置与管理认识实习路线（底图来源：奥维互动地图）

 **知识链接**

风险评估与应急基本概念

突发事件：需要立即采取应对行动的突发、紧急的（通常意外的）事故或事件。

应急：为应对突发事件所采取的措施。

地质灾害危险性评估：根据各种致灾地质作用的性质、规模、承灾对象的社会经济属性、致灾体稳定性和致灾体与承灾对象遭遇的概率，对其潜在的危险性进行客观评价，主要包括现状评估、预测评估、综合评估、地质灾害防治措施建议及建设用地适宜性评价等。

地质灾害风险：在一定时期内，各类承灾体受到灾害袭击而造成的直接和间接经济损失、人员伤亡、环境破坏等的可能性或严重程度。

预警信息：预警发布责任单位根据事件可能造成的危害程度、紧急程度和发展态势而发布的预先告知或态势通告等警示类信息，一般包括突发事件的类别、预警级别、起始时间、可能影响范围、警示事项、应采取的措施和发布机关等。

应急准备：为突发事件应急响应所做的准备活动。

应急预案：针对可能发生的事故，为最大限度减少事故损害而预先制定的应急准备工作方案。

应急响应:针对事故险情或事故,依据应急预案采取的应急行动。

应急演练:针对可能发生的事故情景,依据应急预案模拟开展的应急活动。

应急指挥体系:在应急准备、事件响应、业务连续和/或恢复过程中,对所有应急资源进行有效管理的支持体系。

应急预案编制程序

生产经营单位应急预案编制程序包括成立应急预案编制工作组、资料收集、风险评估、应急资源调查、应急预案编制、桌面推演、应急预案评审和批准实施8个步骤。

应急指挥与响应

基本任务:制定和更新突发事件响应的目标;确定参与突发事件应急响应的角色、责任和相关关系;制订突发事件应急响应的规则、限制条件和计划;制订应急指挥方案和下达任务;反馈和评估应急指挥方案实施情况;确保符合相关法律法规要求和职责规定;记录关键决策和决策依据;应急资源管理;信息发布。

应急指挥机构层级划分见表4-2。

表4-2 应急指挥机构层级划分示例

[引自《公共安全 应急管理 突发事件响应要求》(GB/T 37228—2018)]

指挥规模	指挥级别	描述	支持
战略性的	标准性的	国家和省一级,根据应急响应需要,开展指挥、监控、支持或干涉等活动	行政支持(例如交通、废物管理、教育、社会服务、财政支持等)
战略性的	指挥战略性行动,制定策略,确定目标	行政区主管,例如市长、各应急管理机构主任、响应决策的最终制定者	行政支持(例如交通、废物管理、教育、社会服务、财政支持等)
战术性的	事件指挥、控制、协调和合作	各参与方的突发事件指挥层级	行政支持(例如交通、废物管理、教育、社会服务、财政支持等)
战术性的	操作的任务控制层级	现场控制与支持活动(工作人员和行业/部门,提供支持的等效层级)	行政支持(例如交通、废物管理、教育、社会服务、财政支持等)

注1:战略与战术层面的应急指挥的目标,是在突发事件应急情况下,考虑所有必要因素,及时做出全面、有效的决策。

注2:战略层面的行政活动的目标,是整合行政部门和不直接参与战略性应急响应的机构的力量,为事态尽快恢复正常提供支持。

第四章 应急技术与管理专业实习路线

应急指挥过程如图 4-25 所示。

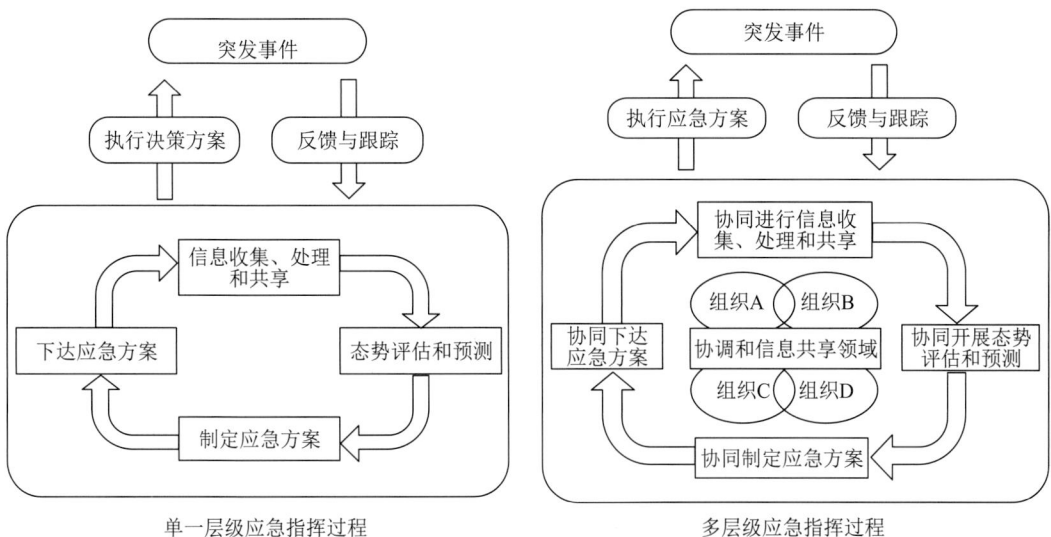

图 4-25 不同层级应急指挥过程[引自《公共安全 应急管理 突发事件响应要求》(GB/T 37228—2018)]

突发事件响应级别见表 4-3。

表 4-3 根据资源部署划分事件响应级别示例
[引自《公共安全 应急管理 突发事件响应要求》(GB/T 37228—2018)]

事件级别	事件级别描述	指挥级别
1级	事件可以由应急准备阶段已部署的资源来处理	战术:任务的监控和支持可能需要战术层面的协调
2级	事件可以由仅受影响的组织部署的资源来处理	战术层面的指挥与协调
3级	事件可以由受影响的组织,以及与其具有互助支持的组织部署的资源来处理	管辖区内的战略层面的指挥与协调
4级	事件可以由受影响的组织,以及在受影响的地理区域内具有互助关系的组织部署的资源来处理。这种情况可能需要当地政府的协调帮助	管辖区内和跨管辖区的战略层面的指挥,可能需要更高战略层级的监督
5级	包括管理组织受到的所有应急响应援助,需要由政府根据已有的双边协议或相关的国际协议来协调	管辖区内和跨管辖区的战略层面的指挥,可能需要更高战略层级的支持甚至干预

No.1　巴东县应急管理局

点位：巴东县应急管理局。
点义：灾害事故应急管理流程及技术。
描述：巴东县应急管理局的主要职责如下。

(1)负责应急管理工作,指导全县各乡镇、各部门应对安全生产类、自然灾害类等突发事件的综合防灾减灾救灾工作,并负责全县安全生产综合监督管理工作。

(2)拟定应急管理、安全生产政策措施,组织编制全县应急体系建设、安全生产和综合防灾减灾规划,起草相关规范性文件并监督实施。

(3)指导全县应急预案体系建设,建立完善的事故灾难和自然灾害分级应对制度,组织编制全县总体应急预案,指导编制安全生产类、自然灾害类专项应急预案,综合协调应急预案衔接工作,指导开展应急预案演练,推动应急避难设施建设。

(4)牵头建立全县统一的应急管理信息系统,负责信息传输渠道的规划和布局,完善灾情报告制度,健全自然灾害信息资源获取和共享机制,依法发布灾情。

(5)组织协调全县安全生产类、自然灾害类等突发事件的应急救援。协助上级组织重大及以上灾害应急处置工作。承担全县应对较大灾害应急相关工作,综合研判突发事件发展态势并提出应对建议,协助县委、县政府指定的负责同志组织较大灾害应急处置工作。

(6)统一协调指挥全县各类应急专业队伍,建立应急协调联动机制,推进指挥平台对接,衔接驻巴东县部队和民兵预备役部队参与应急救援工作。

(7)统筹全县应急救援力量建设,负责森林和草场火灾扑救、抗洪抢险、地震和地质灾害救援、生产安全事故救援等专业应急救援力量建设,协助管理和指导、协调全县综合性消防救援队伍。

(8)组织协调消防工作,指导全县火灾预防、火灾扑救等工作。

(9)协调森林和草场火灾、水旱灾害、地震和地质灾害等的防治工作。负责自然灾害综合监测预警工作,开展自然灾害综合风险评估工作。

(10)组织协调灾害救助工作,组织灾情核查、损失评估、救灾捐赠工作,管理、分配救灾款物并监督使用。

(11)依法行使安全生产综合监督管理职权,协调、监督检查县政府有关部门和各乡镇安全生产工作,组织开展安全生产巡查、考核工作。

(12)按照分级、属地原则,依法监督检查全县非煤矿山生产经营单位贯彻执行安全生产法律法规情况及其安全生产条件和有关设备(特种设备除外)、材料、劳动防护用品的安全生产管理工作。依法组织并指导监督实施安全生产准入制度。负责危险化学品安全监督管理综合工作和烟花爆竹安全生产监督管理工作。负责全县煤炭行业管理、煤矿安全监管。

第四章　应急技术与管理专业实习路线

（13）依法组织安全生产事故调查处理，监督事故查处和责任追究落实情况。组织开展自然灾害类突发事件的调查评估工作。

（14）制订全县应急物资储备和应急救援装备规划并组织实施，负责县级救灾物资收储、管理，建立健全应急物资信息平台和调拨制度，在救灾时统一调度。

（15）负责应急管理、安全生产宣传教育和培训工作。组织应急管理、安全生产的科学技术研究、推广应用和信息化建设工作。

（16）开展应急管理和安全生产方面的对外交流与合作，参与安全生产类、自然灾害类等突发事件的对外救援工作。

（17）承担县自然灾害和事故灾难应急、安全生产、减灾救灾等议事协调和指挥机构的日常工作。

（18）完成上级交办的其他工作任务。

（19）职能转变。县应急管理局要加强、优化、统筹全县应急能力建设，构建统一领导、权责一致、权威高效的全县应急能力体系，推动形成统一指挥、专常兼备、反应灵敏、上下联动、平战结合的应急管理体制。

（20）与县自然资源和规划局、县水利局、县林业局等部门进行在自然灾害防救方面的职责分工。

思考题

（1）巴东县应急管理流程和应急响应程序中的核心环节是什么？

（2）巴东县地质灾害应急处置的主要措施与永久治理措施的区别是什么？

（3）巴东县地质灾害应急预案与演练的实施现状如何？

第五章

体育专业实习路线

第一节 野外徒步与生存实习

路线：基地—孙家包—悬棺—长洞子—狮子垭—基地(图5-1)。

任务：①提高在野外长时间徒步的体能储备；②提高在野外地图识别和方向辨别的能力；③提高在野外露营和生存的能力。

一、地图的识别与方向的辨别

熟练掌握国际定向越野图与指北针的各种使用方法，在定向越野比赛中有着重要的意义。在学生们已经能够熟练地识别地图之后，接着要做的就是选择合适的场地，用足够的时间去进行使用越野图和指北针的训练。越野图和指北针的使用方法有很

图5-1 野外徒步与生存实习路线

多，根据比赛情况的不同可使用不同的方法，但是每种方法都必须要经过反复练习才能够熟练地掌握。

(一)地图的使用

1. 标定地图

要正确使用野外地图，首先要将地图的方法与实地的方位对应起来，而标定地图就是让地图的方位与实地的方向相一致。

(1) 概略标定。概略标定是一种简便迅速的标定方法。当我们在实地正确辨别了方向之后,将越野图的北方对向实地的北方,则地图标定成功。

(2) 利用指北针标定。将指北针的箭头"↑"(一般为红色的)方向与地图的磁北线平行,然后转动地图,使磁针北端对着地图正北方向,地图即已标定。利用指北针标定地图是非常精确的标定,所以在标定之后,地图一定要保持稳定,才能进行之后的操作。

(3) 利用直长地物标定。遇到如道路、沟渠、高压线等直长地物,可以利用它们两侧的地形来标定地图。首先要找到地图中的直长地物,然后使图与实地各地形点的关系位置对应相符,最后转动地图,使地图上的直长地物与实地的直长地物方向一致,则地图标定成功。

(4) 利用明显地形点标定。当位于明显地形点,并在地图上找到该地形点时,可以利用地形点标定地图。只要转动地图,使地图上此地形点和所站位置的连线与实地此地形点和所站位置的连线重合,则地图标定成功。

(5) 依北极星标定地图。标定时,先面向北极星,并使地图上方朝北,然后转动地图,使东或西内图廓线(即真子午线)对准北极星,地图即已标定成功。

2. 确定站立点

(1) 直接确定。当自己处于明显地形点上时,只要从地图上找出此点,就能确定自己的站立点。这种明显的地形点有很多,如单个的地物、线状地物的转弯与交叉处、面状地物的中心点和边缘线上的特征点。

(2) 利用位置关系确定。当站立点位于明显地形点附近时,可以采用位置关系法。利用位置关系法确定站立点主要依据两个要素:一是站立点至明显点的方向;二是站立点至明显点的距离。在地形起伏明显的地方,还可以结合高差情况进行判定。

(3) 利用交会法确定。当站立点附近无明显地形点时,可以利用交会法确定站立点。按不同的情况,交会法又可以分为90°法、连线法、后方交会法等方法。这些方法的好处是,不需要判断和测量距离也能确定出较为准确的站立点。这对初学者学习和巩固使用越野图的训练是很重要的。

A. 90°法。当站立点位于线状地形如道路、沟渠、山背线、谷底线等时,如果在运动方向相垂直的方向上能找到一个明显地形点,那么确定站立点就简单很多。线状地形与明显地形点垂直的交点就是站立点。

B. 连线法。当站立点位于线状地形上,同时站立点又恰好是在某两个明显地形点的连线上,可以用这种方法确定站立点(图5-2)。

C. 后方交会法。后方交会法通常要求地形较开阔,通视良好。首先在地图上找到选定的方位物之后,精确标定地图;然后分别向各个方位物瞄准并画方向线;最后看两方向线的交点,即是站立点。

3. 利用地图行进

利用地图行进是定向越野的基本运动方式,需要使用前面所说的各种方法的综合。无

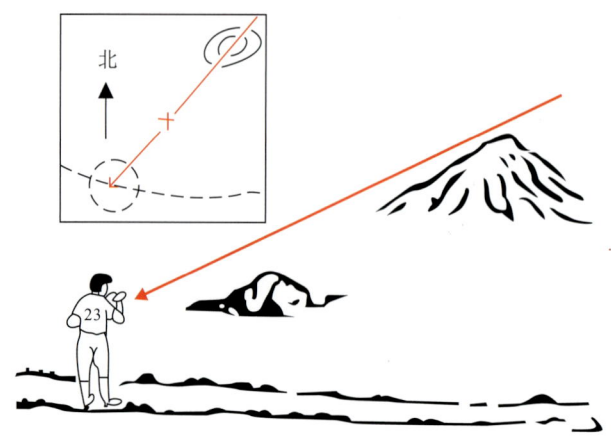

图 5-2 连线法确定站立点

论是识别地图、标定地图还是确定站立点,其目的都是更熟练地利用地图行进。

(1)拇指辅行法。用拇指压住图上你目前站立点的位置,把拿图手的拇指想象为自己(缩小到图中的自己),当你向前运动时,拇指也在图上做相应移动(图 5-3)。此种方法叫拇指辅行法。拇指辅行法主要是帮助使用者随时明确自己在地图上的位置。

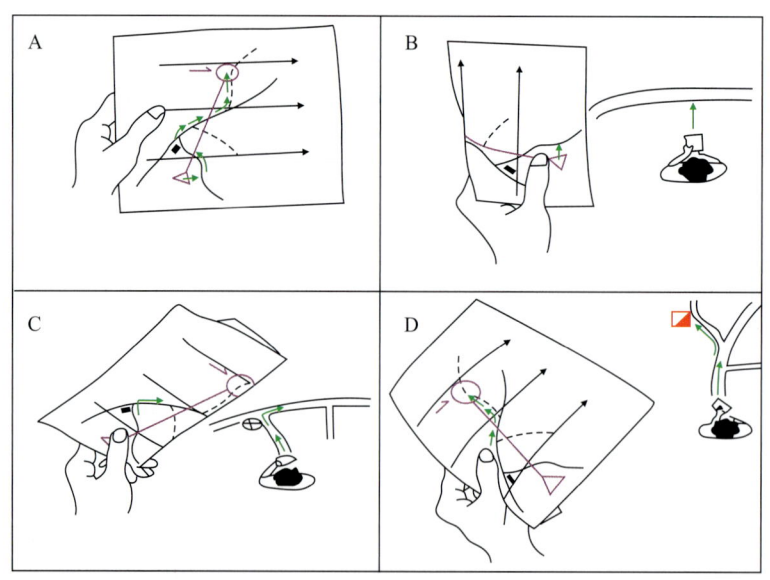

图 5-3 拇指辅行法

A. 明确站立点、路线、到达地;B. 转动地图,使地图标定,并将拇指贴近站立点一侧(先上大路);C. 到大路后转动地图,移动拇指(沿大路跑,看到路旁小屋后向右转);D. 再转动地图,移动拇指(沿大路跑,经过右侧路口后在下一路口左拐,可直达检查点)

(2)"放大"法("先大后小"法)。在寻点过程中尽可能扩大你的视野,从目标点附近大的、明显的地形找起,然后再找目标点。不能只是把目光集中在你要寻找的目标点上,特别是当目标点所在地较小时。如果只看很小的一点地形,你很难找到它。

(3)目标偏测法。当你穿越一块没有明显特征的地带而要寻找一个交叉口、路的端点或面状地物的侧顶点时,不能正对着这一点去寻找,因为在途中多种因素造成的偏移一定会使我们在到达该地形后,不知检查点在何方,所以要稍偏离目标方向瞄准,然后再顺着找到目标点(图5-4)。

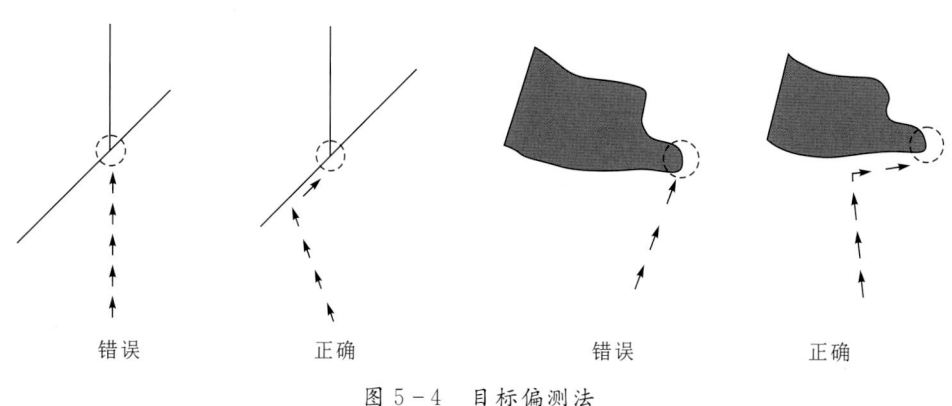

图 5-4 目标偏测法

(二)指北针的使用

1. 标定地图

沿着选定路线行进时,随着前进方向的改变,同时向身体转动方向相反的方向转动地图,当地图磁北线的北端与指北针磁针的红端(北端)一致时,地图即被标定成功。

2. 实地测量方位角

其步骤如下:①指北针保持水平状态,前进箭头指向目标物;②转动转盘,使定向箭头(定向北)与磁针箭头(磁针北)重合;③阅读刻度线上的读数,即为站立点和目标物之间的方位角。

3. 西维氏三步法

其步骤如下:①用指北针的直尺边连接地图上两点,同时前进箭头的方向平行指向目标点;②转动转盘,使定向箭头(定向北)和地图北平行;③保持转盘不动,在水平状态下转动指北针,使定向箭头(定向北)与磁针箭头(磁针北)重合,前进箭头指向的方向即为目标方向。

(三)拿史密夫定律

拿史密夫定律由苏格兰登山家拿史密夫于1892年发明,可帮助计算行程所需的时间。拿史密夫定律是根据西方人的体能而制定的一条关于徒步旅行者行进速度的计算方法。"一个人在正常负重(不超过体重的1/4)下,每小时可走平路4km,而每爬升400m,需多加一小时,而每降低800m,需多加一小时。"

具体公式:

全程时间＝行走平面距离时间＋上升时间＋下降时间＋休息时间

这个公式不包括中途停留、天气和体能消耗下行进速度减慢的因素。大家在使用公式过程中,建议参考先该定律核算旅程的所需时间,然后按实际的差异再作调整。

二、露营地的选择

最好的营地是被找到的而不是被建造出来的。从安全方面而言,营地的建设需要考虑落物、雷电、山洪等危险因素的影响。当找到一个适合做营地的地点时,应该环顾四周并从以下几方面进行查看。

1. 营地高处的环境

(1)营地位置的高处是否遍布枯树、丛林。当风暴来临时,这种树木掉下来的大枝干足以打穿帐篷,造成人员伤亡。

(2)营地的位置是否在遍布松动岩石的陡坡下面。在这种地方扎营,落石很有可能在夜间直接砸向你的帐篷。

(3)营地是否在山脊的顶端或者空旷的盆地。在这种地方扎营,受到雷击的可能性很大。

2. 营地低处的环境

(1)营地处于季节性的河床之中,具有很大危险性。

(2)营地处于易突发山洪的峡谷或低洼处,具有很大危险性。

(3)营地处于悬崖边,夜间起来方便时可能因忘记自己的所处位置而发生危险。

(4)在盆地里扎营,若有大量降雨,帐篷将被淹没。

(5)在大型夜间活动动物的栖息地扎营,晚上很有可能受到动物的袭击。

(6)若在冬季和春季露营,要确保自己不在雪崩地段。

(7)如果在海滩扎营,可能会受到潮起潮落的影响。

3. 控制对露营地环境的冲击

美国经过数十年的开发,对户外环境保护开发出一套户外环保法则,即对环境的最小冲击法则。它教人们如何尊重环境,使人们对活动区域造成的冲击最小化,并以此来切实有效地关爱人们活动的环境。

最小冲击法则可以定义为:利用户外技能,尽可能小地影响自然环境中的土地、水、植物和动物,也可称之为"无痕迹"或"低冲击"。最小冲击法则基于很简单的思想,即人们到户外是要成为自然世界的一部分,而不是单纯为了自己的利益使用它。科学家用"承载力"来解释人和环境的关系,是指土地、水、动植物仅可以承受其不可逆转破坏之前的影响,即生态环境不能超过其承载力。人类作为环境的一分子有责任回答这样的问题:这地方能承受多少?可以承受什么样的活动?我们的活动以什么方式影响环境?这套户外环保法则是一种环保理念,也是户外环保的技术和方法,具体包括如下八大法则:①提前计划和准备;②在可耐受的地面行进和露营;③妥善处理垃圾;④保持自然原貌;⑤野外用火安全注意事项;⑥尊重野生动物的习性;⑦考虑其他野外活动者;⑧尊重当地民风民俗。

第二节 山地搜救实习

路线:基地—云盘包—枣子坪—长岭湾—杏子坡—基地(图5-5)。

任务:①提高对被救人员野外定位的能力;②提高野外搜救时的团队协作能力与团队管理能力。

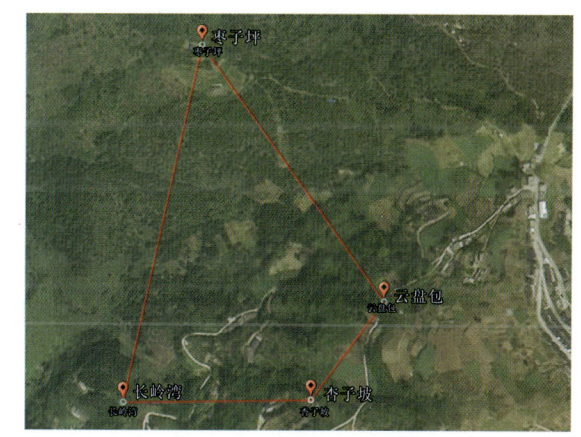

图5-5 山地搜救实习路线

一、搜索技术的基本知识

1. 搜索的概念

搜索在一般意义上是指试图找到某人或某物的动作。其英文search的同义词是find、seek,也有detect的意思。在山地搜救中,搜索和救援是结合在一起的,是为深处危难或即将遇到危险的人提供搜索和救援。山地搜救可以分为4个阶段,简称为"LAST",包括定位(locate)、接近(access)、稳定(stabilize)和转运(transport)。这4个阶段基本包含了搜救的全过程,每一个阶段的结束,就意味着下一个阶段的开始。救援队伍须确定各阶段的行动目标和计划,按计划推进并进行相应的能力准备。从某种意义上说,成功的搜索,是山地搜救成功的开始,也是至关重要的第一步。

2. 成功搜索的基本要素

成功搜索意味着要快速地在正确的地方找到正确的目标。行动前制订好搜索计划可以提高搜索成功率。搜索计划主要包含搜索对象、搜索范围、搜索方式、搜索工具和搜索管理。

与城市坍塌废墟搜索、水域搜索不同的是,山地搜索处于相对开放的环境,搜索目标可能仍在移动,所以山地搜索更接近侦查或追踪的概念,是基于受困者的行为分析和山野户外能力评估来开展的。因此,关于受困者详细信息的收集非常重要,这一点在独行失联人员的搜索中尤为重要。

达成成功的山地搜索需要具备的基本要素可概括为以下两点:

(1)在正确的地方搜索。山地搜救队伍需要依据掌握的信息和线索确定正确的搜索范围和方向,从而制订搜索计划。

(2)以正确的搜索方式发现要搜索的目标。山地搜救队伍通过在搜索区域内不断找到的线索来评估并完善搜索计划,并以正确的搜索方式找到目标。

在搜索过程中,山地搜救队伍应根据收集的信息和搜索的成果,持续评估搜索区域和搜索方法,不断提高搜索的成功率,最终完成搜索任务。

3. 搜索成功的概率

在山地搜救行动中,经过信息收集和整理,以及对山地搜索基本要素的研判,可大致推算出搜索成功的概率。

(1)区域概率(probability of area,POA)。区域概率是指所搜索的物体位于该范围的概率。提高区域概率的方法就是全面覆盖搜索范围。当搜索目标在搜索范围时,搜索区域的概率会是一个总和为1的概率分布。

(2)发现概率(probability of detection,POD)。发现概率即所搜索的对象能被发现的概率。提高发现率的方法为制订合理的搜索计划并采用相应的搜索方式。

(3)成功概率(probability of success,POS)。成功概率即搜索成功的可能性。其计算公式如下:

$$POS = POA \times POD$$

实际上,影响山地搜索成功率的因素有很多,特别是搜索独行的完全失联人员,搜索成功的概率会比预期偏低。因此,希望每一次搜索都能成功是不现实的。

二、搜索目标与搜索范围

(一)搜索目标

搜索目标包括人员、物品、痕迹三大类别。

第五章 体育专业实习路线

1. 人员

(1)信息收集。搜索前要尽可能地了解失联人员的体貌、年龄、性格、兴趣、职业、健康状况、服装和携带的装备等相关信息,帮助确定搜索范围。失联人员有移动和静止两类,不断地移动会增加搜索范围的不确定性,救援队员应根据其可否移动和可否回应调整搜索策略。

(2)行为分析。对收集到的信息进行失联人员个性和行为分析,能够估计失联人员是否知道自己的处境、会做出什么样的行为反应、是否保持清醒、是否具有生火和寻找临时庇护所的能力、会选择向何处行进以及最终可能到达的地点等,可以帮助制订和调整搜索计划,从而增加成功搜索的概率。

2. 物品

在搜索过程中汇总发现的物品能够指示失联人员的行进方向和其他信息,对搜索成功有很大帮助。因此,对物品的搜集、保存、保护和甄别非常重要。搜救的物品包括以下两种。

(1)被搜索人员物品。如找到确认或怀疑是失联人员的物品,需要记录找到的位置、时间,并在周边寻找更多的线索;如不能确认,需要带回或者拍照回传后由家属确认。

(2)其他物品。在现场可能会找到第三者的物品,如以往遗留的物品、搜索人员遗留的物品,或者其他进入现场人员的物品等。对这些物品也需要进行甄别,避免和失踪者的物品混淆,给搜索带来不必要的干扰。

3. 痕迹

痕迹是指失联人员或者搜索人员留下的印迹,如足迹、鞋印、折损的草木、滑坠的痕迹、失联人员留下的地标物、发出的求救信号(如哨音、灯光、火光)等。

(二)搜索范围(区域)

在确定搜索范围的时候,除了综合评估失联人员的年龄和性别、身心健康和体能状况、山地户外活动的经验和能力、活动的方式和路线、携带的装备和食物饮水以外,还需要结合事发时的天气状况、能见度、所处的地形地貌特点等因素,划定可以或可能的搜索范围,才能定下实际搜索范围。

1. 搜索的起点和终点

搜索必须有确切的搜索起点和终点。搜索起点可以参考以下几点。

(1)有目击者(摄像头)见到(拍到)失联人员的最后位置(point last seen,PLS)。

(2)确定是失联人员所在或经过的最后位置(last known position,LKP),如失联人员的营地、痕迹等。

(3)搜索的计划起始点(initial planning point,IPP),通常位于PLS或者LKP附近,同

时方便到达或便于搜索队伍集结的位置。

原则上常将 IPP 作为搜索起点,搜索队伍会在起始计划点设置事故控制站(incident command post,ICP)或流动指挥车(mobile command unit,MCU)。搜索起点通常是失联人员最后出现的位置、山道入口、机动车道尽头、山顶等。

2. 搜索区域(路线)的确定及划分

(1)搜索区域的确定:①可以搜索范围;②可能搜索范围。

可以搜寻半径公式

$$R = T \cdot S$$

式中:T 为失联者行进时间,h;S 为失踪者行进速度,km/h;R 为可以搜寻半径,km。

$$可能搜索范围 = \pi R^2$$

如经过 4h,失联者的速度为 4km/h,则 $R=4\times4=16(km)$,可能搜索范围为 $3.14\times16^2=804(km^2)$。

上述行进速度和距离计算的依据是拿史密夫定律。通常,计算出来的可能搜索范围非常大。在评估时,了解失联者的户外知识水平和活动范围,可以帮助我们缩小可能搜索范围,还可以用来估算搜索需要的时间。

(2)搜索区域的划分:按照地形加网格,把整个搜索区域划分成若干个区域,而地形则以合水线及分水线(山脊和山谷)来划分。

(3)搜索区域覆盖:所有搜索区域都要进行网格化覆盖,必要时可以重复搜索同一区域。

三、搜索方式与搜索管理

(一)搜索方式

1. 搜索类型

(1)按照搜索主体划分:人力搜索、动物搜索、设备搜索。
(2)按照搜索场地划分:陆地搜索、水域搜索、空中搜索。
(3)按照搜索时间划分:白天搜索、夜晚搜索。

2. 搜索队形

(1)印第安式搜索:采用纵队方式,适用于狭窄的林道或小路和夜间搜索,是山地搜索中运用最多的搜索方式,如图 5-6 所示。
(2)并行式(线式)搜索:采用横队方式,适用于开阔区域,常用于大规模搜索,如图 5-7 所示。

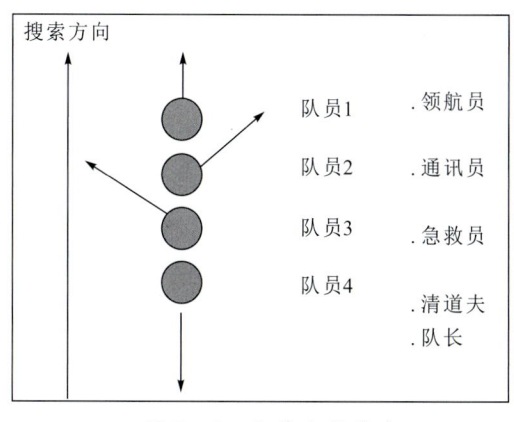
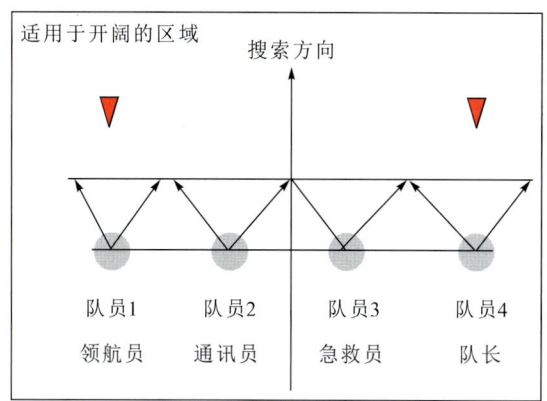

图 5-6　印第安式搜索　　　　　　图 5-7　并行式搜索

(3)等高线式搜索:依山势及山脊展开搜索,可视为变形的并行式搜索,如图 5-8 所示。

(4)扩大正方形式搜索:适用于发现线索后,有效、快速、彻底地覆盖较小面积。更多地运用于海上船只和飞机的搜索,如图 5-9 所示。

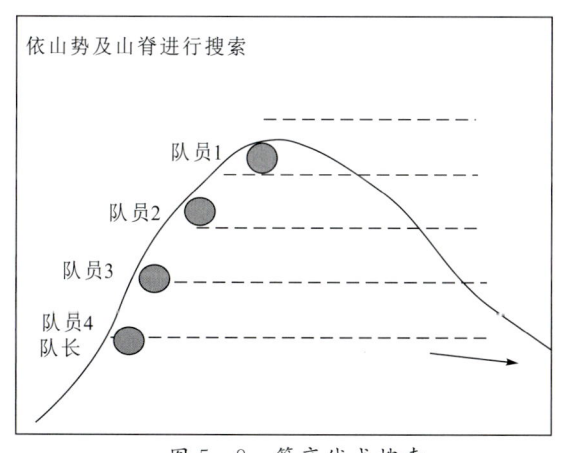
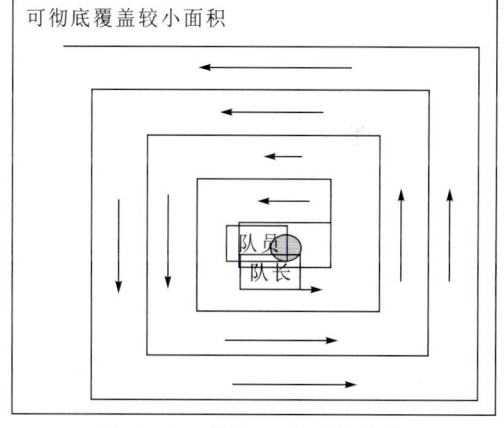

图 5-8　等高线式搜索　　　　　　图 5-9　扩大正方形式搜索

3. 搜索策略

(1)有计划地快速搜索:快速搜索可能性高的地区,并获取搜索地区的资料反馈给指挥中心。以熟练、自给自足、机动灵活的搜索行动进行初步迅速的搜索,详细了解反映的情报,调查有价值的线索等。

(2)有效地搜索:通过快速搜索扩大地区、搜索可能性高的地区和搜索情报所指的地区来高效率地寻找线索。

(3)彻底地搜索:使用最彻底的方法进行缓慢、系统的搜索。搜索范围可重叠,以达到更好的覆盖率。

(二)搜索管理

1. 定 义

搜索管理即在搜救过程中,根据搜救方案,通过充分协同搜救队伍,建立有效通信,对搜索小组进行实时管理,在最短时间内最大限度地实现搜索区域的有效覆盖。必要时,搜索小组可以建立前进营地以提高效率,也可以通过布置控制线来有效控制失联者的活动范围,以提高搜索成功率。

良好的搜索管理能够合理利用现有资源,使信息沟通高效透明,提高搜索区域正确性和搜索方案准确性,并提高搜索小组执行力,进而达成有效搜索。

2. 信息收集管理

信息收集管理是山地搜救最基础的工作,也是目前很多救援队伍容易忽视的问题。必须指出的是,没有信息收集研判而盲目依赖经验和现场搜索能力,其结果往往事倍功半;反之,卓有成效的信息收集工作,能够引导搜救队伍尽快确定搜索区域并制定搜救方案。信息收集评估的主要内容如下。

(1)失联人员状况评估:失联人员人数、年龄、健康状况、野外经验、食品饮水及衣物、装备情况、随身物品、环境适应程度、失联时长或已知生存时间、个性特点等。

(2)客观环境评估:地形地貌、植被及动物分布,过去、现在及未来一段时间的天气预报,地质灾害可能性评估,灾害性气候评估,动植物伤害评估等。

(3)失联人员行为历史记录:失联时间、地理位置、有无地理坐标、已知时间点及位置、已知或可能遇见失联人员的区域及时间、已知或可能遭遇的危险等。

(4)通信条件评估:手机信号覆盖区域、对讲机信号覆盖区域、中继台方位选择等。

(5)搜救队伍构成及信息:搜救队伍的组织架构、指挥系统、联系方式、对讲机频率、环境熟悉程度、装备及物资准备情况、搜索计划及行程安排等。

(6)资讯信息:媒体及网络资料、其他各种有关信息等。

3. 搜救队伍的协同

如果搜索区域较大,需要较多人员同时进行搜救,山地搜救现场就会有多个救援队伍。此时指挥中心需要根据搜索方案,结合队伍能力做好分工和协同工作。

山地搜救的形势复杂多变,指挥中心需要根据现场力量的实际情况做好梯队配置,以便轮替和应对突发状况;同时要根据搜索区域的大小和地形特点,做好配置一个或多个前进营地的计划。

(1)抵达报备:掌握队伍的人数、装备、能力、后勤及后续力量抵达情况。

(2)分工协同:根据能力、熟悉程度和装备配置分配搜索区域,明确协同机制、后续梯队配置,做好通信保障、后勤保障支持,以及前进营地配置计划。

(3)方案实施:各搜索队伍(小组)按计划抵进,开展搜索,定期汇报汇总,评估搜索成果,优化调整搜索方案,持续开展搜索或暂停搜索等。

4. 通信覆盖

指挥中心应对搜索区域的通信状况做出合理的评估和预判,在没有手机信号、对讲机也无法直接通联的区域,可架设无线电中继电台或使用通信保障小组提供的中转设备进行通信覆盖,避免出现搜索队伍无法通联的状况。无线电中继及通信保障小组的选址,需要参考通信保障小组的建议,必要时使用信号覆盖模拟图进行评估。

5. 搜索小组的实施管理

搜索小组从出发抵进搜索区域到完成计划区域的搜索后返回,全程应做好轨迹记录、信息记录并上报,在通信不畅的区域,设置通讯员中转通联。搜索小组会合时间,坚持最少3人同行的原则,避免出现落单或脱队。同时搜索小组也要保持与指挥中心的通联,确保信息上报与指令下达能够畅通无阻。

指挥中心应在指挥平台上分别标注各救援队搜索小组的实时位置、工作进展、人员动态,对通信不畅、失联、长时间没有上报信息的搜索小组加以关注,对搜索到有价值的目标或线索的队伍提供人力和技术支持,针对突发气象、地质灾害或其他危及救援人员的突发事件,应实施中止搜索或撤离的方案。

6. 搜索区域的管理

确定搜索区域,对搜索区域进行划分,根据搜索分区的可能性进行评估。如因人力、地形及其他因素无法一次性覆盖所有搜索分区,应从可能性高的搜索区域开始,可能的话对搜索区域进行区域划分隔离,使用人力或自动报警装置设置控制线,如失踪者进入或离开控制区,能够及时发现或提示。完成覆盖的区域,也应做好区划隔离,避免重复搜索。

7. 搜索工具

(1)对讲机:搜索队伍应约定通联频率,遵守通联规范。

(2)卫星导航:确保搜索区域被信号覆盖,有轨迹记录。

(3)等高线地图:使用薄膜及记号笔,在分区搜索地图上进行标记,便于汇报和确认搜索任务。

(4)记录工具和标识:搜索小组信息员应做好信息记录,医疗人员应做好伤情处置记录。如发现搜索目标和线索,应在地图上进行标记和记录。有关线索应做好记录,必要时使用物证袋进行收集并上交指挥中心进行甄别。

(5)反光路标及其他标记物:导航人员和收尾队员对搜索路线进行标记和确认,避免搜索人员由于路标不清晰导致队伍分散或失联,在完成搜索后,可以根据路标安全撤离。

第三节　山地个人救援实习

路线：基地—长洞子—上陈家湾—下陈家湾—基地(图5-10)。

任务：①提高绳索基础技能；②提高野外特殊地域的通过能力；③提高野外特殊地形的个人生存能力；④提高野外特殊地形的个人救援能力。

一、基础绳结

绳结种类繁多，但好的绳结需满足的要求有：打法简单，受力易解，检查容易，性能高。绳结性能是指打结后绳索的破断拉力强度与未打结直绳的破断拉力强度的比值。绳索标定的抗拉强度是测试拉拽没有弯曲的直绳获得的性能数据(表5-1)。测试时所有绳芯都均匀受力，使绳结性能得以最大化。绳索的任何弯曲都会使内部绳芯产生内外径差，从而造成绳芯受力不均匀而影响绳结性能，由于绳结的存在，绳索的破断拉力值会相应降低，称之为结绳效率(表5-1)。

图5-10　山地个人救援实习路线

表5-1　常用绳结的效率

绳结	绳结效率/%	绳结	绳结效率/%
无绳结	100	双渔人结	65～70
双套结	60～65	布林结	70～75
蝴蝶结	75	双八字结	70～75
水结	60～70	单结	60～65
平结	45		

1. 双渔人结(double fisherman's knot)

双渔人结是非常安全的自锁型绳结，承重后很难解开，是打抓结的核心绳结，同时它比八字结更容易通过允许绳结通过的器械。

1)打法

双渔人结打法如图5-11所示。

第五章 体育专业实习路线

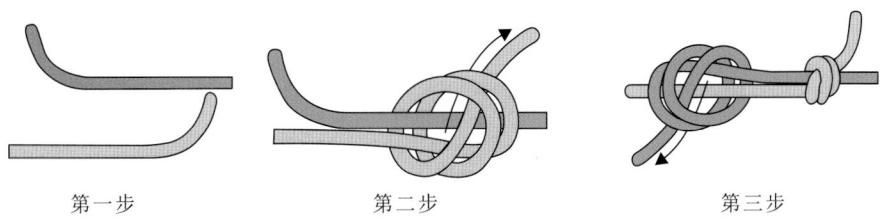

图 5-11 双渔人结打法示意图

2)用途

(1)通过连接同一根绳子两端的绳头,形成绳套使用。

(2)当绳长不够时,可以将直径相同、材质相似的两根绳子进行连接。

(3)连接一条辅绳两端,形成小绳套做抓结。

(4)连接辅绳(直径大于 7mm)形成绳套做保护站用绳。

3)优缺点

(1)优点:强度大,结实,安全性高。

(2)缺点:受力后不易解开,尤其是湿的、细的和变软的绳子,抓结在受力之后几乎是无法解开的。

4)注意事项

(1)要连接直径相同或相近的绳子。

(2)绳尾一定要留足够长(抓结至少留 5cm,主绳至少留 10cm)。

(3)如使用该绳结连接主绳做下降,一定要记清哪边是绳结端,以便抽绳时不会弄反。

2. 双套结(clove hitch)

双套结是一种常见的绳间连接固定点(如树桩、铁锁等)的绳结,当绳端负荷消失时易解开,但同时也可以在不需要解开的情况下调整保护者和保护点之间的绳索长度,在登山的修路和先锋攀登中应用广泛。

1)打法

封闭物体上的双套结打法如图 5-12 所示。开放物体上的双套结打法如图 5-13 所示。

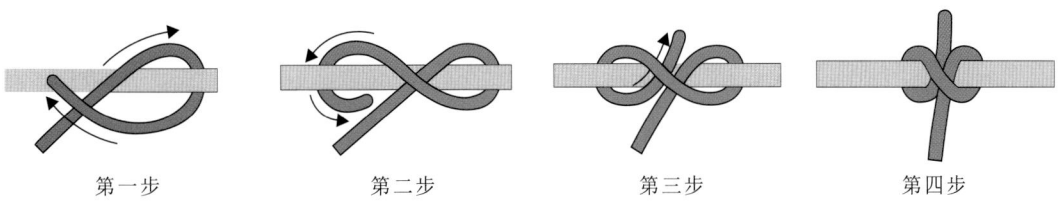

图 5-12 封闭物体上的双套结打法示意图

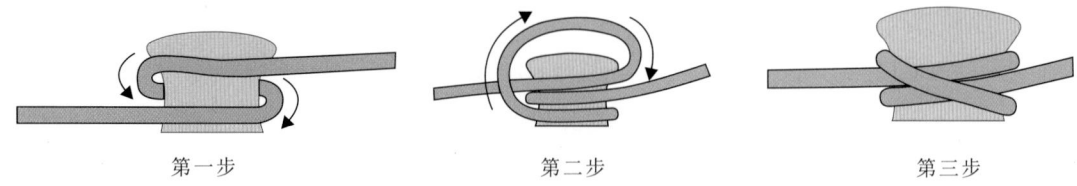

第一步　　　　　　　第二步　　　　　　　第三步

图5-13　开放物体上的双套结打法示意图

2)用途

(1)双套结在绳间可以与固定点连接,起固定作用。

(2)应用在两端施力均等的物品上,起锚点的作用。

3)优缺点

(1)优点:安全性高,打结方便、迅速,拆除容易,在不拆除的情况下可以调节绳长。

(2)缺点:在不受力的情况下容易松脱。

3. 布林结(bowline)

布林结打法简单,拆除方便。将布林结与固定点进行连接,能够起到非常好的效果。

1)打法

布林结打法如图5-14所示。

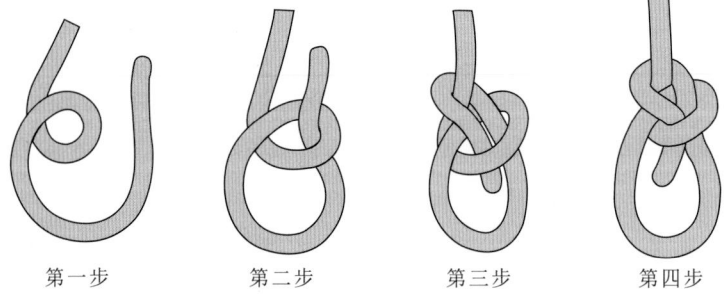

第一步　　　第二步　　　第三步　　　第四步

图5-14　布林结打法示意图

2)用途

(1)下降时,连接绳索与保护点。

(2)与固定点进行连接。

(3)在绳尾形成一个绳圈进行使用。

3)优缺点

(1)优点:打法简单快捷,解除容易。

(2)缺点:在受力不稳定时容易松动以致完全脱开,比较难辨认打法正误。

4)注意事项

在使用时请一定要与绳尾结进行配合(图5-15),否则容易导致脱落。

4. 蝴蝶结(butterfly loop)

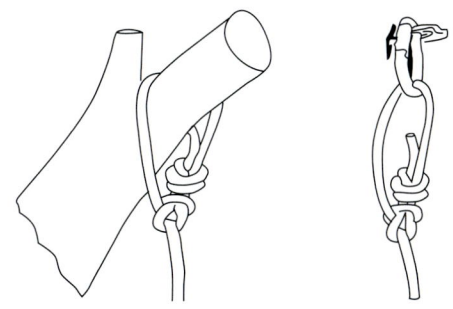

图5-15 布林结与绳尾结的打法

这是一个非常流行的绳结,能在绳索中间打出一个绳环。这个绳环不如八字结那么坚固,受力时会略微降低绳索的强度,但可以三方受力的特点让它较为实用。

1)打法

蝴蝶结打法如图5-16所示。

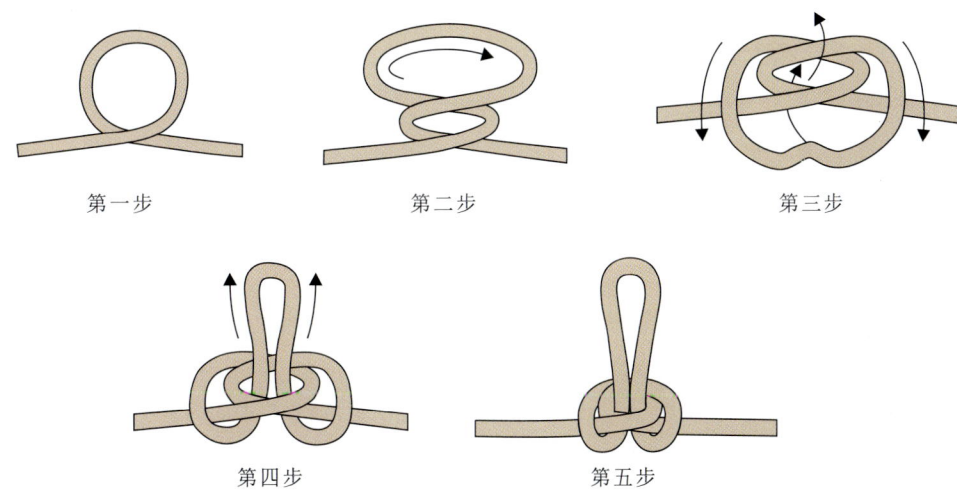

图5-16 蝴蝶结打法示意图

2)用途

(1)在登山(冰川多人结组行进)中,此绳结可连接中间的攀登者;

(2)高空作业人员可用它做脚踏环。

(3)在野外需要拉路绳临时保护时,此绳结可以作为抓手。

(4)如出现绳子破损,此绳结也可用于把破损部位隔离开。

3)优缺点

(1)优点:可以三方受力,不易变形,便于调节两端绳子长度。

(2)缺点:受力后不易解开。

5. 桶结(poachers knot)

1)打法

桶结打法如图5-17所示。

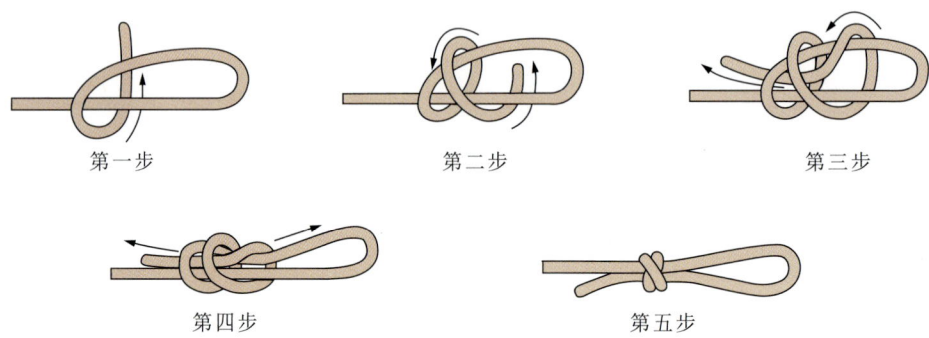

图5-17 桶结打法示意图

2)用途

(1)与固定点进行临时连接。

(2)牛尾绳的末端连接。

3)优缺点

(1)优点:打法简单快捷,不受力时很容易解除。

(2)缺点:在受力不稳定时容易松动以致完全脱开,比较难辨认打法正误,不适用于长时间固定。

4)注意事项

(1)绳尾长度要留够绳径的8~10倍。

(2)第二圈缠绕要反压第一个绳圈,向反方向缠绕。

(3)绳结打好后,需收紧绳套。

6. 意大利半扣(munter hitch)

1)打法

意大利半扣打法如图5-18所示。

2)用途

(1)临时代替保护器做保护或下降。

(2)在相对平缓的坡面临时下降时使用。

(3)当绳索因结冰或变硬而不易套入下降器中时使用(雪山上常用)。

(4)在结组攀登时,用以保护跟攀者时使用。

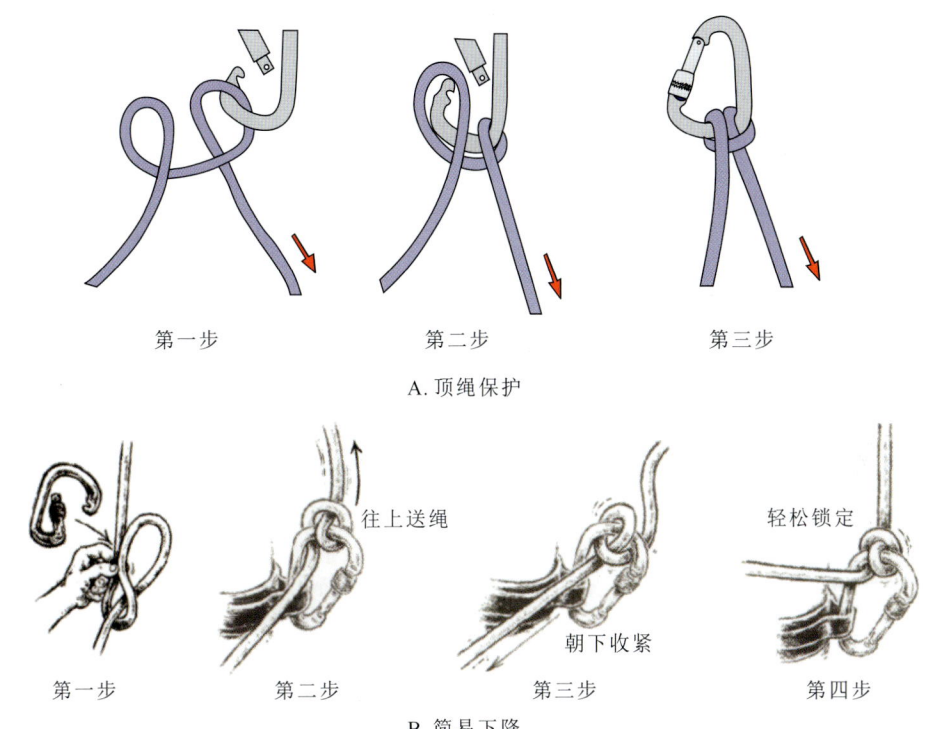

图 5-18 意大利半扣打法示意图

3）优缺点

（1）优点：可代替下降器，使用方便。

（2）缺点：在下降时对绳子的磨损很大，使用后绳子易扭曲，搅在一起。

4）注意事项

（1）须打在 HMS 型铁锁（我们通常指的大锁）上。

（2）用于下降时，在使用前一定要检查方向，避免制动绳与锁门同侧。

（3）一定要与丝扣锁或者两把简易锁连接使用，且锁门相对。

二、特殊地形通过技术

1. 陡坡横切技术

陡坡横切技术一般应用在陡坡通过，如在救援任务中可能会遇到湿滑的陡坡环境，不借助绳索无法安全通过该路段等情形。

1）操作步骤

（1）选择安全且合适的保护位置作为线路起点。

(2)将绳索的其中一根绳头绕过起始保护点,与先锋队员进行有效连接。攀登安全带可以反穿"八"字结的形式连接到安全带的攀登环上,另一个绳头连接到安全带的保护环上。工业安全带可同时连接到安全带的保护环上。

(3)保护员与起始点保护站连接,做好自我保护,为先锋队员做基础保护操作。

(4)先锋队员与保护员进行保护确认,双方互相检查个人安全装备的穿戴规范。

(5)先锋队员出发,在起始点安装额外保护点,将两条绳索同时挂入与保护点连接的主锁内。

(6)先锋队员每前进一段距离,须在通过路线沿途设置保护点,并将身上两条绳索同时挂入与保护点连接的主锁。

(7)先锋队员通过危险路段后,寻找适合设置保护站的位置,做好自我保护后建立标准保护站。

(8)建立好标准保护站后,将身上的绳索与保护站进行连接,回收多余绳索,将绳索绷紧,形成通过风险路段的生命线。

(9)沿途队员通过方法:中途队员将抓结安装到生命线上,连接牛尾与抓结,牛尾的另一端直接用主锁连接到生命线上(同时连接两股绳索)。

(10)当通过中途保护点时,应使用交换的方式通过节点,不可将生命线从保护点的主锁中取出。

(11)当最后一人通过时,如有条件可将所有沿途保护点的器材设备取下。通过后,在安全地带将绳结打开,抽回绳索即可回收绳索。

2)注意事项

(1)先锋队员出发时一定要在起始点设置额外保护点,自身与两股绳索尽量有效连接,可防止先锋队员在起步阶段滑坠后将自身重力直接作用在保护员身上。

(2)若路段通过相对容易,沿途队员可不使用抓结,但收尾队员必须使用抓结,此操作可有效防止收尾队员产生过远的滑坠。

(3)起始点绳索一端通过,另一端不通过,可使绳索形成回路,方便回收绳索。

(4)先锋队员与保护员在行进过程中应保持有效沟通。当声音传播受阻时,可通过手势、对讲机等手段进行有效沟通。

(5)保护员的关注焦点应在先锋队员身上,一旦先锋队员发生滑坠应立即制动绳索。

(6)做好绳索的有序管理。

2. 陡坡上升技术

救援活动时常会遇到滑坠风险较高但必须向上行进的路段。陡坡上升技术能帮助救援人员安全、高效地通过这类路段。

1)操作步骤

(1)到达线路起点,选择安全合适的位置作为上升起点。

(2)先锋队员使用反穿"八"字结将主绳连接至安全带攀登环/保护环,保护员使用现有的保护器为先锋队员实施基础保护操作(五步保护法)。

(3)先锋队员开始沿路线攀登后,应在沿途适当位置设置中途保护点,将绳索挂入与保护点连接的主锁内。当先锋队员发生滑坠时,距离先锋队员最近的保护点可减小先锋队员滑坠的距离。

(4)先锋队员通过危险路段后,选择合理位置做好自我保护,设置标准保护站。

(5)回收多余绳索,将身上的绳索固定在保护站上,其他队员可沿路绳一次通过。

(6)当其他队员通过时,将抓结与路绳进行连接,牛尾连接抓结绳,边推抓结边上升至安全位置。

(7)当上升路线比较曲折、回收绳索可能会遇到阻碍时,最后一名通过队员可使用反穿八字结的方式将绳尾连接到安全带的攀登环/保护环上。

(8)上方队员将保护器连接到保护站内,将绳索正确安装到保护器内,进行上方保护操作,保护最后一名队员通过危险路段,完成通过操作。

2)注意事项

注意事项如下:先锋队员在上升过程中要在合理间距处设置保护点;通过队员必须使用抓结通过;先锋队员与保护员在行进过程中要保持有效沟通(在声音传播受阻的情况下,可使用手势、对讲机等进行有效沟通);先锋队员在进行上方保护时要正确合理使用不同种类的保护器。

三、个人救援技术

(一)简易安全带的制作

山地搜救行动多发生在交通不便、物资运送困难的区域。救援现场,如发现携带物资不足,需要因地制宜地采取使用器材较少或者用其他器材代替的技术方案,如现场安全带数量不足,为加快救援速度,可用多种方法制作简易安全带。以下介绍利用散扁带制作安全带的方法。

(1)用6mm散扁带对折,中点别在正面裤腰中。

(2)扁带向后穿过两腿中间,沿两腿外侧绕到前方。将扁带的两端分别穿过裤腰上的绳环。

(3)把扁带的两端向外拉,然后缠到身后。用力拉紧扁带使悬吊更加舒适。将剩余的扁带缠在身上,缠完为止。

(4)用平结将扁带两端连接,使安全带绷紧。用主锁将腰环和稍低的扁带环扣在一起。

简易胸部安全带,可用120cm的机缝扁带或者3.5m散扁带制作。

(二)上升转换下降技术

运用场景:救援队队员沿绳下降完成目标区域搜索工作后,需要沿绳上升返回;需要从下方沿绳上升接近目标区域或被困人员;吊运过程中担架陪护员需要在工作绳上进行短距离上升、下降等操作。

1. 器械上升技术

简单而言,上升技术就是利用两个单向制停功能的上升器械,交替承受体重从而沿着固定绳索上升。最常用的上升系统为"坐—站"系统,技术要领是,坐下时抬起脚和一个上升器,站起来抬起另一个上升器,再重复该循环。

1)操作步骤

(1)检查个人装备,保证穿戴规范、器材充足。

(2)观察现场环境,包括绳索状态、上方情况等。

(3)胸升贴近自然悬垂的主绳,主绳装胸升并进行受力测试。

(4)安装手升并测试。注意手升必须与长牛尾连接,并避免长牛尾与主绳、脚踏绳缠绕干扰。

(5)收紧胸带,一脚套入脚踏带,左手握手升,右手握胸升下方主绳,反复下拉,以减小绳索延展性。

(6)屈膝、平缓坐下,将身体重量转移至胸升。

(7)两手同时握住并推高手升,套入脚踏带的腿向臀部正下方发力蹬起,另一腿向前方略抬起保持平衡,两手握手升辅助身体直立。此时身体承重点由胸升转移至手升,胸升随身体直立向上运行。

(8)直立站起后,胸升运行到动作循环的最高位置,平缓坐下,将身体重量由手升转移至胸升。

(9)重复上述步骤(7)与步骤(8)动作,直至上升到需要的高度。

2)注意事项

注意事项如下:贴近自然悬垂的主绳后安装胸升,避免离地后发生摆荡;上绳后拉紧胸带,以利于胸升顺畅走绳;腿向臀部正下方发力蹬起,尽量保持上半身直立,不要后仰。

2. 器械上升转下降

1)操作步骤

(1)在保护环上安装下降器,并且锁定。

(2)胸升与下降器的距离应在一拳左右,如大于一拳,需要做微距下降(微距下降:右手食指放在胸升上方凸轮处待命,套入脚踏带的腿微发力上站,使胸升不受力后,右手食指迅速按下胸升凸轮,同时发力腿下蹲,由身体带动胸升向下移动)以减少距离。

(3)手升下移至距胸升 20 cm 以内位置。

第五章 体育专业实习路线

(4)做绳上直立动作,打开胸升安全开关,使胸升脱离绳索,然后缓慢坐下,将身体重量转移到下降器上。

(5)解除手升,整理绳索及牛尾后开始平缓下降。

2)注意事项

注意事项如下:下降器安装后需要锁定;熟练掌握微距下降动作;解除胸升前,手升需要下移,以避免解除胸升后长牛尾因受力而无法解除。

3. 抓结上升转下降

抓结上升是现代绳索器材发明前最传统的上升方法,学习该技术可以更深刻地理解上升原理,以更好地掌握上升技术。同时抓结技术可以在器材不足的情况下实施行动。

1)操作步骤

(1)检查个人装备,保证穿戴规范、器材充足。调整长牛尾长度到自己额头附近,短牛尾长度到下巴附近。

(2)观察现场环境,包括绳索状态、上方情况等。

(3)在绳索正下方,用辅绳圈做一个抓结,并安装在主绳上,用短牛尾连接并测试,挂上脚踏带。

(4)用辅绳圈做一个抓结,并安装在主绳上,高于短牛尾的抓结,用长牛尾连接并测试。

(5)站在地面推高长牛尾抓结,缓慢坐下,身体悬空,让抓结承重。

(6)推高短牛尾抓结,利用脚踏带做绳上直立动作,此时承重点转移到短牛尾抓结上,站起推高长牛尾抓结,并缓慢坐下。

(7)重复步骤(6)即可持续上升。

(8)反向操作步骤(6)即可下降。

(9)为防止抓结松脱造成人员冲坠,每上升2m把身体下方的主绳打一个向下解除的活结。下降时遇到活结,下拉结下主绳即可逐一解开。

2)注意事项

注意事项如下:在抓结上升、下降时,两个牛尾长度需要调整至合适;不要触碰处于受力状态的抓结;止坠活结的接触方向为向下解除。

4. 抓结上升转管状保护器下降

1)操作步骤

(1)转换下降时,先将下方主绳打双套结,用主锁挂入保护环锁紧,作为保护点。

(2)将脚踏带挂入长牛尾。

(3)把短牛尾抓结移动腿部,安全带腿环挂入主锁,锁门朝上,把抓结从短牛尾上摘下,挂入腿环处主锁,锁紧,将短牛尾放回装备环。

(4)在保护环上装管状保护器,装入主绳后,右手握制动端。

135

(5)用脚踏带站起,向上收紧管状保护器和抓结,让抓结受力,摘除及收纳长牛尾处抓结和脚踏带。

(6)右手控制腿部抓结下方主绳,平缓下降,接触双套结。

(7)继续下降到活结处,打开活结,平缓下降到地面。

2)注意事项

注意事项如下:在抓结上升、下降时,两个牛尾长度需要调整至合适;不要触碰处于受力状态的抓结;止坠活结的接触方向为向下接触。

(三)绳上过节点技术

绳结障碍通常是绳索破损后进行打结处理或因长度不够而接绳造成的障碍点,通过绳结障碍的步骤如下。

1. 上升通过绳结

1)操作步骤

(1)上升,使手升接近但不顶住绳结。

(2)继续上升,尽量提高胸升位置。

(3)紧贴胸升下方主绳,安装下降器,并锁定。

(4)拆除手升并安装于绳结上方。

(5)将手升推高,右手在胸升安全开关处准备,做绳上直立动作拆除胸升,顺势将胸升装于绳结上方,平稳坐下,使胸升受力。

(6)拆除绳结下方下降器,继续上升。

2)注意事项

注意事项如下:避免手升顶住绳结造成摘取困难;下降器安装后须锁定。

2. 下降通过绳结

1)操作步骤

(1)下降至绳结处,锁定下降器或者让绳结顶住下降器。

(2)将手升安装于下降器上方大约25cm处。

(3)做绳上直立,在手升下方10cm处安装胸升,平稳坐下。

(4)拆除下降器,并安装于绳结下方,收紧绳索使下降器紧贴绳结,锁定下降器。

(5)做绳上直立,拆除胸升,平稳坐下使下降器承重。

(6)拆除手升,继续下降。

2)注意事项

注意事项如下:下降器安装后须锁定;拆除胸升前,如手升位置偏高,应下移手升避免长牛尾受力。

第五章 体育专业实习路线

(四)绳索转换技术

在绳索作业过程中,为通过障碍或在两条绳索间移动时,可运用绳索转换技术,从一组绳索转移至另一组绳索。(注意不操作下降器时,下降器须锁定;转换过程中,两主绳夹角不超过120°)具体步骤如下。

(1)将两条主绳用主锁扣入安全带器械环,或者将第一条主绳与第二条主绳下端打结连接。

(2)沿第一条主绳爬升至需要高度后,安装下降器,转为下降状态。

(3)将胸升和手升装至第二条主绳上,下拉第二条主绳,使胸升部分承重。

(4)操作下降器,从第一条主绳下降,使重量逐渐转移到第二条主绳上。

(5)在转移过程中,如需提高位置,可进行上升,并控制两条主绳夹角不超过120°。

(6)当第一条主绳不再承重时,拆除下降器,沿第二条主绳继续作业。

(五)绳上一对一救援

在救援队进行日常训练或展开救援行动时,队员在下降或上升过程中,因突发伤病或意外而失去行动能力或处于无意识状态,或者因装备失效卡在绳索上无法移动或脱离。此时,在现场的其他队员须快速展开绳上一对一救援。

在实际情景中,可能运用的救援技术和方式有所不同,可以根据现场情况,采用上方或下方接近被困者的方式接近伤员,同时保障自身安全。

长时间的静止悬吊会阻碍人的血液循环,继而产生悬吊创伤并危及生命。因此,必须抓紧时间对静止悬吊人员进行救援。本教材模拟现场有两条绳索条件下的救援方式。

1. 伤员处于下降状态时的救援

1)操作步骤

(1)确认现场环境安全,检查装备情况。

(2)救援人员沿第二主绳上升至伤员位置,转换为下降状态,救援人员的下降器略高于伤员下降器。

(3)救援人员的膝盖分别顶在伤员腰部与膝下,以保护伤员,并且获得更多操作空间。

(4)救援人员将自身的主绳与伤员的主绳分别放在背后,防止干扰。

(5)救援人员用短连接先挂入伤员保护环,再挂入自身下降器的锁背。

(6)用牛尾连接伤员保护环,增加一个保护点。

(7)释放伤员下降器,将伤员重量转移到短连接上。

(8)用一把主锁挂进伤员的胸带与短连接,以维持伤员上身不后仰。

(9)双脚骑于伤员腋下,以便后续操作及保护伤员。

(10)在下降器主锁上增加一把摩擦锁,并扣紧主绳制动端,以增加摩擦力,右手虎口向上伸直握住制动端,平缓下降,直至伤员轻微触地。

(11)从安全带上接触下降器主锁,脱离绳索,单膝跪在伤员后背作为依靠,缓慢释放下降器,协助伤员保持屈膝坐姿,等待救护人员到达。

2)注意事项

注意事项如下:避免绳索缠绕;注意不同操作阶段中与伤员身体的相对位置、各连接点的位置;带人下降时增加摩擦力,以及使用手势;到达地面时处理伤员;全程保护伤员。

2. 伤员处于上升状态时的救援

1)操作步骤

(1)确认现场环境安全,检查装备情况。

(2)救援人员沿第二主绳上升至伤员位置,转换为下降状态,下降器高于伤员胸升约20cm。

(3)救援人员的膝盖分别顶住伤员的腰部与膝下,以保护伤员,并且获得更多操作空间。

(4)救援人员将自身的主绳与伤员的主绳分别放在背后,防止干扰。

(5)救援人员用短连接先挂入伤员保护环后,挂入自身下降器的锁背。

(6)用牛尾连接伤员保护环,增加一个保护点。

(7)将伤员手升脱离牛尾后,安装到离胸升30~40cm距离,用3m辅绳一头打桶结,用主锁扣入伤员保护环,余绳向上穿过伤员手升主锁,接着向下穿过桶结主锁,再次穿过手升主锁形成3:1倍力系统。

(8)预收紧辅绳,用自身的手升夹住辅绳尾端,脚踩脚踏带使辅绳张紧,伤员胸升内的主绳不受力后拆除,一手握住上方主锁上的辅绳,另一手拆除自身的手升。

(9)两手配合释放辅绳,将伤员重量转移到短连接上。

(10)用一把主锁挂进伤员的胸带与短连接,以维持伤员上身不后仰。

(11)双脚骑于伤员腋下,以便后续操作及保护伤员。

(12)摘除伤员手升,整理辅绳以避免干扰。

(13)在下降器主锁上增加一把摩擦锁,并扣紧主绳制动端,以增加摩擦力,右手虎口向上伸直握住制动端,平缓下降至伤员轻微触地。

(14)从安全带上接触下降器主锁,脱离绳索,单膝跪在伤员后背作为依靠,缓慢释放下降器,协助伤员保持屈膝坐姿,等待救护人员到达。

2)注意事项

注意事项如下:避免绳索缠绕;注意不同操作阶段中与伤员身体的相对位置、各连接点的位置;掌握倍力系统的设置位置和方法;带人下降时增加摩擦力,以及使用手势;到达地面时处理伤员;全程保护伤员。

第五章　体育专业实习路线

第四节　山地团队救援实习

路线：基地—巫峡口景区—基地（图5-19）。

任务：①提高救援方案的制定能力；②提高团队救援风险的管理能力；③提高团队救援的合作能力。

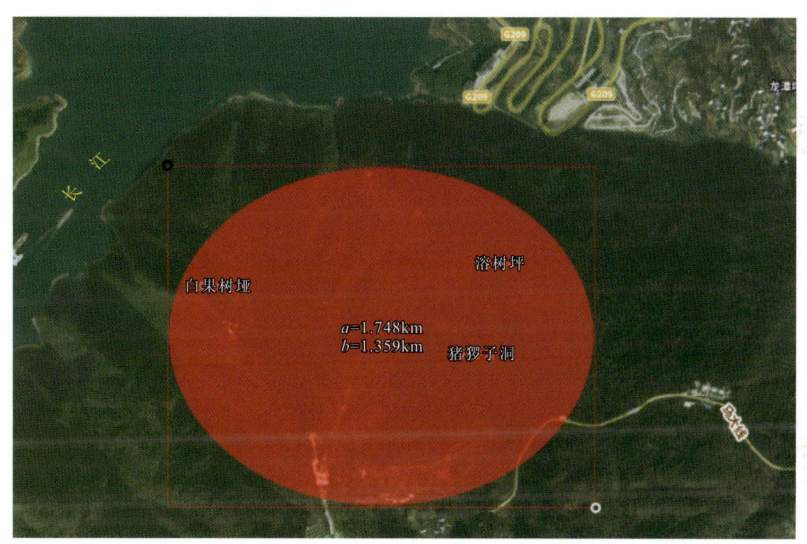

图5-19　山地团队救援实习路线

一、倍力系统

团队绳索救援技术主要应用于峡谷、溪谷、悬崖、水域等复杂地形，对被困人员或伤员进行从高点向低点、从低点向高点或水平两点之间的运输转移。

无论采用何种救援系统进行拖拽、提吊或横渡运送，都须在主系统外另加一组独立的副保护系统。在架设救援系统时，救援队员应充分评估地形、运输方向、架设地点、人员和装备配置、使用何种倍力系统等，做好系统安全评估和现场的安全管理。

（一）滑轮和滑轮组

滑轮是杠杆的变形，属于杠杆类简单机械。滑轮有定滑轮和动滑轮两种（图5-20），组合成为滑轮组。

（1）动滑轮：轴的位置随被拉物体一起运动的滑轮，滑轮未被固定在某一点上，当系统运行时,滑轮的位置会随时改变。动滑轮可以改变力量的大小,当提起重物时,所需花费的力仅为重物的一半,但提升距离仅为动力端的一半。

(2)定滑轮。使用定滑轮时,轴的位置固定不动。当系统运行时,滑轮的位置是固定不动的。定滑轮可以改变力的方向,但不能省力。

(3)滑轮组:由一定数量的定滑轮和动滑轮以及绕过它们的绳索组成。滑轮组同时具有省力和改变力的方向的功能,是倍力系统的重要组成部分。使用时应记住"省力费时,省时费力"的概念。

滑轮组动力的计算,均不考虑滑轮的效率、质量和摩擦力。在通常情况下,通过动滑轮一端有几段绳吊着物体,提起物体所用的力就是物重的几分之几(图5-21)。

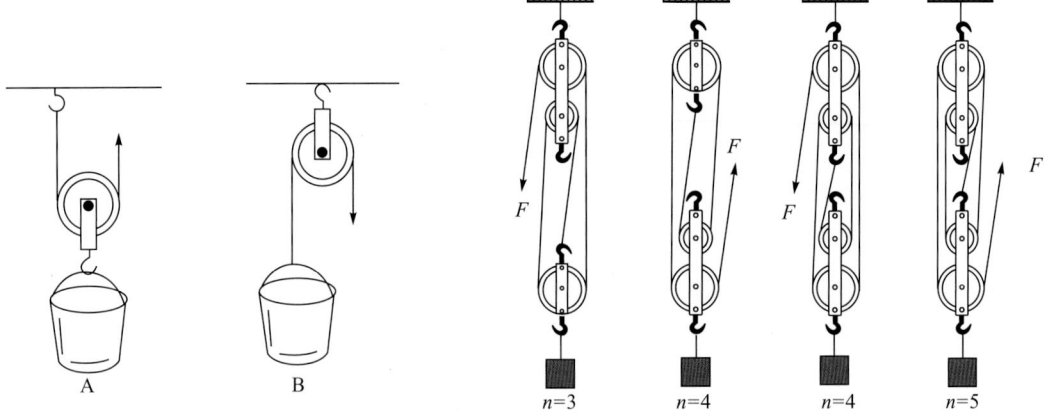

图5-20 动滑轮与定滑轮
A. 动滑轮;B. 定滑轮

图5-21 滑轮组动力的计算

(二)张力追踪计算方法及山地救援常用的倍力系统

1. 张力追踪

对倍力系统进行张力追踪计算时,应从力的输入端开始计算,结点下方绳索力量为上方绳索力量之和,通过动滑轮的力量为$2P$,通过定滑轮的力量不变(图5-22)。

2. 常用倍力系统

在山地搜救中,当救援人员人数较多时,通常会使用1/3滑轮组(图5-23)。相比于1/4滑轮组(图5-24)1/3滑轮组需要的装备较少,搭建速度较快,效率较高。

第五章　体育专业实习路线

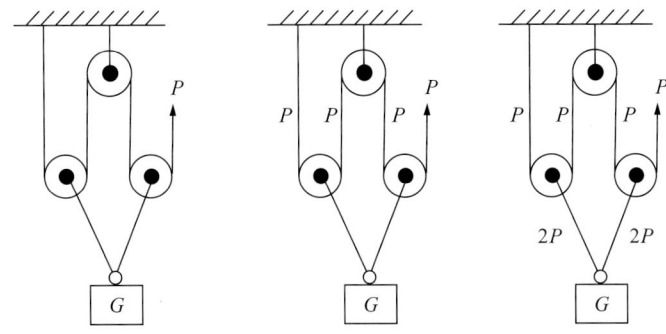

图 5-22　张力追踪计算

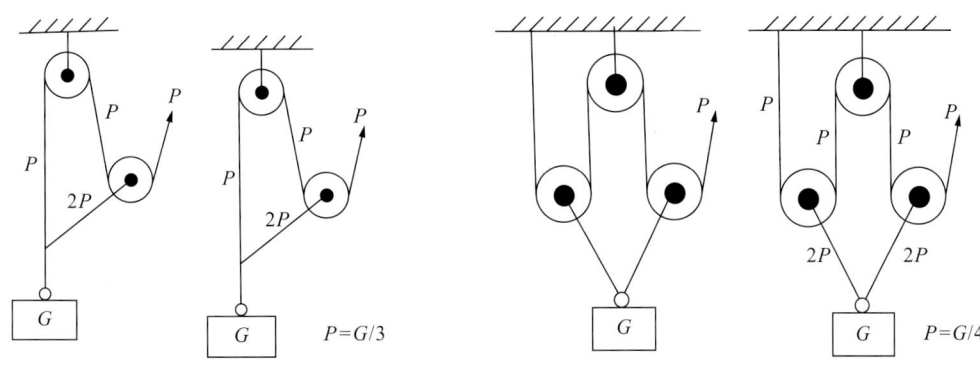

图 5-23　1/3 滑轮组　　　　　　　图 5-24　1/4 滑轮组

二、基础提吊技术

基础提吊技术(图 5-25)一般用于被救人员坠落悬崖、深井等情况,也是团队救援技术中常用的基础绳索技术。

1)操作步骤

悬崖提吊技术的具体操作步骤如下。

(1)救援小队选择安全可架设保护站的工作面。

(2)设置好保护站,在保护站上连接分力板,将一个保护器和一个单向制停滑轮与分力板连接(保护器作为备份保护,单向制停滑轮端作为主提吊受力)。

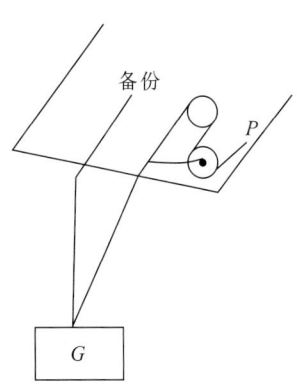

图 5-25　基础提吊技术

(3)将两条主绳分别安装到保护器、单向制停滑轮内,先锋队员可通过自主下降的方式接近被困人员,也可被动下放至被困人员所在位置。

(4)先锋队员接近伤员后,根据实际情况选择伤患处置方案,上方人员准备提吊系统。

(5)上方队员在单向滑轮端根据实际情况使用 1/3 滑轮组或 1/5 滑轮组对伤员与先锋队员进行提吊,并根据提吊情况使用保护器来回收绳索。

2)注意事项

注意事项如下:先锋队员根据实际情况选择主动下降还是被动下降;在向上提吊时,先锋队员与伤患应有两个连接,分别为主绳提吊绳和备份保护绳索;应注意磨绳点的处理,根据实际情况使用护绳装备。

三、横渡技术

横渡技术又称水平吊运技术,是实现从 A 点到 B 点运输的操作技术,在救援时遇到不可通过的峡谷、河流时就会用到该技术。该技术也是其他复杂吊运系统的基础操作,具体操作步骤如图 5-26 所示。

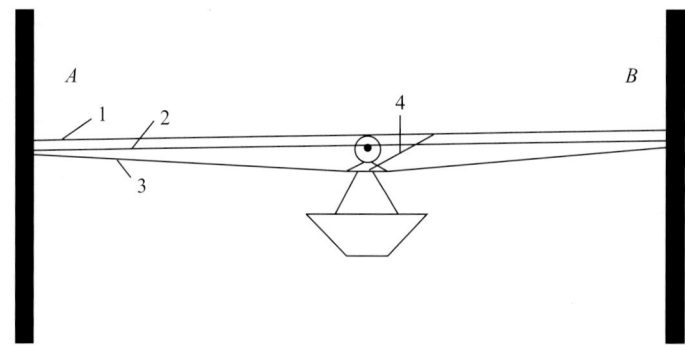

注:A、B 分别为目的地、大部队所在位置;1~4 为绳索编号。

图 5-26 横渡技术

(1)使用抛投设备将牵引绳投到 A,将一条主绳牵引到 A 并固定(可建立标准保护站,也可用无张力结进行固定,请根据实际情况选择),在 B 处建立标准保护站,将第一条主绳绷紧。

(2)先锋队员携带第二条主绳与第三条绳索通过第一条主绳到达 A 地。

(3)先锋队员将携带的两条绳索进行固定,B 端收紧第二条主绳,形成由两条绳索构成的绳桥,第三条绳索作为牵引绳固定在 A、B 两端。

(4)在 B 端,将同轴双滑轮安装到两条主绳上,滑轮下方连接分力板,牵引绳连接分力板最两侧的孔位。

(5)为滑轮做副保护,与导轨绳进行连接,可使用短连接或短固定带。

(6)若两端跨度过大,绳桥受力后可能会使导轨绳下沉过多而坡度变大,牵引绳两端应有保护器来控制牵引绳,防止重量施加到导轨绳后产生重力滑动,导致被送者速度无法控制。

第五章　体育专业实习路线

当横渡系统的导轨绳建立好后，还应考虑导轨上所受到的力是否满足静态系统的安全系数，这个安全系数是否在可接受的范围内。当重物从 B 通过导轨绳移动到 A 时，导轨会随着物体施加的重量而下沉，假设物体质量为 100kg，物体移动到绳桥某点时，绳桥下沉形成的夹角为 120°，两端锚点所承受的拉力为 100kg。当这个夹角变成 175°时，两端锚点承受的拉力分别会增加到 1100kg，而当这个夹角变为 180°时，两端锚点承受的力接近无限大。

编织类装备的安全工作负荷通常是原有装备的 1/10，金属类装备通常为 1/5。在制作绳桥、架设紧绷绳系统时，常常会使用滑轮组来收紧主绳，这需要救援人员考虑拉拽滑轮系统的人数。以 10.5mm 绳索为例，经过 CE 认证的 A 类主绳至少可以承受 22kN 的拉力（不同品牌的绳索可能会有更加优秀的表现），一个健康成年人拉力的平均值约为 400N，通过 1/3 滑轮组进行拖拽，最大负重为 1200N，22kN 的安全工作负荷为 2.2kN，通过计算确定进行收紧拖拽的人数小于或等于 1.83，由于滑轮、保护器的效率小于 100%，一般由两三人进行紧绳作业即可。当使用滑轮组提升重物时，如不考虑人数问题，拖拽的人数越多，则系统效率越高。

第六章

音乐专业实习路线

第一节 纤夫号子

路线：基地—巴东沿渡河镇神农溪纤夫文化走廊—基地。

任务：①观赏悬棺；②参观纤夫走廊，了解纤夫文化历史、纤夫号子发展史；③聆听纤夫号子、土家摔碗酒、高腔山歌。

 知识链接

纤夫号子

纤夫号子是劳动号子的一种，属于三峡船歌船谣范畴，为船工驾船闯滩常用的排号。峡江纤夫号子多为劳动呼喊声，有领唱和齐唱，也有配有歌词的领唱和合唱。号子激昂、高亢、豪迈、哀怨、缠绵交替出现，既是一种"呐喊"，也是一种"叹息"，情到深处则是"拼命"，这是一种纯粹的发自肺腑的声音。同时，由于纤夫劳动紧张、激烈，号子声自然高亢、浑厚，富有力度，具有很强的节奏感，反映了纤夫激流勇进、同峡江天险和惊涛骇浪英勇搏斗的无畏精神，以及对生存状态的艺术控诉。因此，纤夫号子是纤夫在生命极限的考验中迸发出来的乐章。

纤夫号子又名峡江纤夫号子、船工号子、楚帮号子、桡夫子号子，由长江巴东境内的长江纤夫号子和支流的神农溪纤夫号子组成。

长江纤夫号子：主要分布在西至边域溪和东至牛口的信陵镇、东瀼口、西瀼口、官渡口、楠木园等地。由于这些地区山高水急，河面狭窄，滩头礁石多，行船运货十分艰难。长江纤夫号子显得高亢铿锵，急促有力，节奏紧凑，衬词多于唱词，富有大无畏的战斗精神。它由"拖扛""出艄""捉缆""推梢""摇橹""掌力""唤风""拉纤"等号子组成，并以摇橹、拉纤数板为主。

第六章 音乐专业实习路线

神农溪纤夫号子：主要流传于溪丘湾、平阳坝、罗平、沿渡河等神农溪流域。神农溪是长江的支流，全长60km，沿途石岸高峭，清流幽回。千百年来，神农溪两岸乡村的土特产和日用品，全靠神农溪纤夫用扁舟运送。纤夫在神农溪上逆水行舟时，躬腰蹬腿，拼力拉纤，串串号子，回荡峡谷。

神农溪纤夫号子与长江纤夫号子虽有相似的音调和音型，但也有自己的独特风格——声腔高亢嘹亮，节奏舒缓，旋律优美，具有浓郁的山民歌风味。

No.1 纤夫号子的缘起

点位：神农子纤夫文化走廊。
GNSS：N31°26′29.86″，E110°32′34.23″；$H=607$m。
点义：①了解巴东地域民俗及号子的缘起；②巴东纤夫号子的主体分析。
描述：巴东县地处长江中下游，北部有发源于神农架南坡的神农溪。神农溪与长江两条水系彼此交错，使得这座修路艰难的小山城有了可以依仗的水运，这为船运行业及纤夫职业的诞生奠定了客观基础。当地民俗文化类型丰富，题材广泛，内容丰富，形式多样，内容与形式体现在戏曲、舞蹈、历史传奇、民间故事、薅草锣鼓、劳动号子与山歌民谣等方面。这些均构成了巴东纤夫号子形成的重要前提与人文背景。

由于巴东水路地势崎岖、滩多浪急，纤夫在行船过程中充满危险，他们在工作中因为特定的安全感心理需要，也逐渐形成了一些趋于固定的发声模式与特定的语言文字。这些均巧妙地体现在纤夫号子的音乐内容和形式上。

不同的号子样式会以地理名称作为重要划分依据，巴东纤夫号子按地域一般可划分出长江纤夫号子、神农溪纤夫号子等样式。除了地理特征外，还会依据不同的活动内容对号子展开命名与定义，巴东纤夫号子主要涵盖拖杆号子、摇橹号子、撑篷号子、拉纤号子等。从地理位置加以考量，巴东纤夫号子主要源于巴东县境内长江流域的边域溪至牛口一带，以及境内支流神农溪流域，不仅具有丰厚的历史底蕴，而且具有极其特殊的地理特征。

巴东纤夫号子在唱词方面无太多讲究，大多是即兴发挥，带有极强的随意性，其中喊的特点尤为突出，而并非凸显唱。唱一般具有旋律性，较为平淡，难以形象地表现出纤夫闯险滩、越激流的锐气，喊则为巴东之地增添了独特的气息。人们可以切身感受到巴东地区的风土人情，也可以从中体会到船夫和天险、水流斗智斗勇的内心活动。

No.2 纤夫号子的音乐结构

点位：神农子纤夫文化走廊。
GNSS：N31°26′29.86″，E110°32′34.23″；$H=607$m。
点义：学习、分析纤夫号子的音乐结构。

描述：《中国民间歌曲集成·湖北卷》收录了 8 首巴东纤夫号子，可从调式、音域、节奏及歌词 4 个重要方面对该号子的形式构成进行展开说明。其号子形式主要是通过赋、比、兴等中国传统艺术手法加以表现的。

(1) 调式：以羽调式居多。更能彰显出羽调式音乐独有的那份淳朴、哀怨、苍凉而又柔弱的艺术性。调式色彩的单一性在形式上恰恰迎合了纤夫拉纤活动的枯燥特点，但其统一性在内容上又充分表征了纤夫对生活的期待，虽然其中伴随的多是一种哀怨的气氛，但不失淳朴。

(2) 音域：纤夫号子的旋律一般在两个八度间展开，旋法常伴有三度、四度跳进，甚至七度大跳，演唱音色时而深沉浑厚，时而高亢嘹亮，具有自身极其鲜明而特殊的音域表现。这种倾向于崇高审美范畴的音域表现，在很大程度上诠释了巴东纤夫与大自然对抗的精神张力。

(3) 节奏：主要由自由节拍和 2/4、3/4 与 4/4 复合节拍组合完成。领唱与合唱声部会根据不同工作场景而采取不同的表现形式。为表现出平静水面上的悠闲之态，节奏则较为舒缓；滩险浪急时，节奏则相对固定和统一，便于统一劳动节奏，起到指挥劳动动作的作用。

(4) 歌词：多为即兴创作，具有一定的随意性，体现当地山民的独特风格，有领有和，合唱部分多以衬词为主。值得注意的是，在平静水面摇橹时的唱词内容也比较广泛而丰富。因此，本用以渲染勇气的号子，亦可转换为悠扬舒缓的诗歌。歌词可以说是巴东纤夫们内心最为真实、直白的写照。

No.3　纤夫号子的精神实质

点位：神农子纤夫文化走廊。

GPS：N31°26′29.86″，E110°32′34.23″；$H=607$m。

点义：体会纤夫号子的精神实质。

描述：巴东纤夫号子可以说是目前世界上唯一由纤夫拉纤时喊唱的号子，是长江水系音乐极其重要的组成部分，具有厚重的历史价值与人文价值。从主体精神而言，巴东纤夫号子所承的正是当地纤夫们在越流闯滩、逆水行舟劳动活动中所锻造出来的那种坚毅果敢的纤夫精神，不仅在宏观层面展现出人类普遍的劳动性，还通过号子这种融技术与艺术于一炉的音乐表现形式传达出一种与文化原生态、人的生活与生命节奏相合的象征性，是当地人与自然、劳动彼此结合的早期精神艺术之花。

第二节　撒叶儿嗬

路线：基地—清太坪社区十组—清太坪仙池峰—基地。

第六章 音乐专业实习路线

任务：①登哨棚顶和巴人古城墙遗址，接触巴文化，听土家族先祖廪君的传说；②看土家撒叶儿嗬展演。

知识链接

土家族撒叶儿嗬

土家族撒叶儿嗬是湖北清江流域中游地区土家族的一种祭祀歌舞，是国家级非物质文化遗产之一。土家族撒叶儿嗬，俗称"跳丧"，又叫"打丧鼓"，是土家族民间悼念死者，为死者送行的一种隆重的送葬仪式。作为土家族的祭祀舞蹈，土家族撒叶儿嗬曲牌丰富，唱腔古老，舞姿粗犷，是土家人对生命价值的肯定，是土家族文化传承的载体。它表达了土家人的生死观和宇宙观，保留了渔猎时代和农耕文明的生活画面，积淀了图腾崇拜、祖先崇拜的文化遗存，具有较高的文化价值和学术研究价值。

2006年5月20日，土家族撒叶儿嗬经国务院批准列入第一批国家级非物质文化遗产名录，编号为Ⅲ—18。

No.1 撒叶儿嗬的历史渊源

点位：清太坪仙池峰。

GNSS：N30°48′60.3″，E110°22′95″；$H=882m$。

点义：了解土家族撒叶儿嗬的缘起。

描述：土家族撒叶儿嗬在清江流域流传历史久远。许多学者如张世炯、吴正纲等根据远古巴人的活动区域，认为"跳丧舞"是古代巴人的舞蹈遗存，但关于土家族撒叶儿嗬的来源众说纷纭。

来源说法之一：先秦时期，有关巴人舞蹈和巴人丧葬仪式的史料记载极少。根据香炉石遗址出土的人骨资料，田万振推断：蹲屈式的崖葬葬式与早期巴人的穴居生活紧密相连；穴居生活方式造成了撒叶儿嗬舞蹈基本特征——向低空发展，在其先民——巴人甚至更早时期就已具备，应当说在原始社会就有了，并由此认为撒叶儿嗬最迟在此时（夏朝）已经产生，其上可追溯到大溪文化。

来源说法之二：与祭祖有关。"撒叶儿嗬葬礼源于土家族的白虎崇拜，它的最初形态，就是虎舞和关于白虎系列歌谣的祭祀歌舞。"王善才认为土家族撒叶儿嗬来源于古时候巴国初民们对祖先的祭祀活动，纯粹是一种反映图腾现象的祭祀性歌舞。

来源说法之三：起源于古代巴人的军前舞，即"军觋"，与"巴渝舞"同源。《华阳国志·巴志》记载了巴人勇武、善舞的特性："天性劲勇，初为汉前锋，陷阵，锐气喜舞。帝善之，曰：'此武王伐纣之歌也。'乃令乐人习学之,今所谓'巴渝舞'。"好歌喜舞的巴人冲锋陷阵,难免血洒疆场、横尸阵前,于是在战斗结束后,以歌舞为阵亡将士送葬,表达颂扬悼念之意和视死如归之情。这时的载歌载舞,便是丧歌丧舞,也就是今日土家族"跳丧"的初源。

No.2 撒叶儿嗬的表现形式

点位:清太坪仙池峰。

GNSS:N30°48′60.3″,E110°22′95″;$H=882m$。

点义:了解土家族撒叶儿嗬的表现形式。

描述:撒叶儿嗬在清江流域、长阳县、五峰县和巴东县大部分区域,建始与巴东接壤的小部分区域,以及湖南石门等地均有流传,而在长阳资丘、渔峡口、榔坪、枝柘坪、贺家坪、火烧坪,巴东野三关、清太坪、水布垭、金果坪的中心流行区域,撒叶儿嗬音乐曲调之多,舞蹈表演套路之丰富在其他周边地区是看不到的。

(1)演唱形式:一人执鼓领唱,众和。执鼓者,是有声望的长者,也是能歌善舞的能手。他以鼓点指挥舞蹈,以鼓点变换曲牌。据有关史料记载:"家有亲丧,乡邻来吊,至夜不去,曰'伴亡'。于枢旁击鼓,曰'丧鼓',互唱俚歌哀词,曰'丧鼓歌'。"无论哪家死了老人,村民们闻讯而至,通宵达旦。这叫作"人死众家丧,一打丧鼓二帮忙。打不起豆腐送不起情,跳一夜丧鼓陪亡人。"

歌词内容:十分广泛,回忆民族起源、讲述民间故事、叙述父母得到养育之恩等,歌舞者看到什么就唱什么,想到什么就唱什么。歌词多呈四句七言,四、三式,上下句,也有"五句子"保持着古代巴歌"竹枝""杨柳"等曲牌格律形式,内容古朴。每唱完一首,最后大家高声合唱一句"跳撒叶儿嗬喂",或"解忧愁噢",粗犷的歌声和明快的曲调扫去了死者家里悲痛凄婉的气氛,人们用欢歌和鼓乐致哀,为死者家人驱散忧愁。跳丧的唱腔分高腔、平调,节奏鲜明,巴东的鼓点子主要是3/4节拍,建始是2/4节拍,其中6/8拍较为普遍。

(2)舞蹈动作:因地域不同而稍有差异。其跳丧格局大致可分为四大步、么连嗬、摇丧、打丧、哭丧等20多种类型;模仿形象动作有"凤凰展翅""犀牛望月""猛虎下山""虎抱头""猴子爬岩""狗撒尿""燕儿含泥""乡姑筛箩"等。

跳舞时先由歌师击鼓叫歌,舞者随鼓声应节起舞。舞蹈形式有24种套路,其动律特点是顺拐、屈膝、悠颤,出现6/8拍子带切分音的节奏律动。不管用什么节奏,不论多少人参与,舞蹈动作都十分对称,动作姿态一般都是哈腰、屈膝、走八字步、摆胯、绕手,身体按节奏上下或左右颤动,手、脚、胯向同一方向呈顺边运动。土家族撒叶儿嗬舞步舞姿刚劲有力、粗犷豪放,动作调度较有规律。

(3)风格特点:撒叶儿嗬是一种传统祭祀歌舞,乡亲们聚在孝家堂屋里的亡者灵柩前,男人载歌载舞,女人们穿戴着鲜亮服饰围观助兴,这种活动往往通宵达旦地举行。土家人认为人的生死如四季变化,是自然而然的,享尽天年的老人辞世是顺应自然规律和值得庆贺的事。如果有老人去世,他们认为这是升天,叫"白喜事",因此,不论死者是男是女,也不论死者名望高低,乡邻都要为死者打一夜丧鼓,以此怀念故人,安慰生者。"人死众家丧,大伙儿都拢场,一打丧鼓二帮忙。"土家人用绝妙的歌腔舞态表达自己旷达的生死观。

No.3 撒叶儿嗬的丰富内涵

点位:清太坪仙池峰。
GNSS:N30°48′60.3″,E110°22′95″;$H=882m$。
点义:了解土家族撒叶儿嗬的丰富内涵。
描述:撒叶儿嗬具有丰富的内涵,主要体现在以下几点。

(1)具有民族和祖先图腾的双重性质。有些民族认为,死亡是人返回自己的图腾,因此,丧葬礼仪中也贯穿有图腾意识。《华阳国志·巴志》中的祭祀之诗曰:"惟月孟春,獭祭彼崖。永言孝思,享祀孔嘉。彼黍既洁,彼仪惟泽。蒸命良辰,祖考来格"。撒叶儿嗬开场歌词《十梦》很明显地唱道"三梦白虎当堂坐,白虎做堂是家神"。撒叶儿嗬的表现形式也带有民族和祖先图腾的双重性质。在进行丧堂表演时,舞姿总是保持一种弯腰、弓背、屈腿的动作,臂部向下颤动,脚为"八"字步,双手在胸前左右晃动,尤其是老人跳丧几乎是蹲着跳,等等,这些都可以在老虎的动作中找到原型。除了模仿猛虎扑食的各种动作,口中还发出一阵阵虎啸声,动作形象逼真,矫健明快,再现了远古人类祭祀白虎神灵的场面。跳丧舞是土家人民自己创造的艺术财富,多侧面地展示了民族的风情习俗。从古至今土家族形成的丧葬习俗是既要让亡者安宁,又要让活着的人满意,在整个过程中是死者与生者的对话,两者之间存在着一个坚韧的结——念亲怀祖。

(2)狂欢精神的具体体现。狂欢精神指在群众性的文化活动中表现出的突破一般社会规范的非理性精神,表现为纵欲的、粗放的,显示人的自然本性的行为方式。丧葬习俗作为重要的民俗事象之一,是人一生的最后一次礼仪。土家族以跳丧、歌丧哀悼亡者,慰藉生者,用审美的态度去看待死亡,这是一种特殊的美学。打丧鼓虽哀而不悲,往往以欢快之歌舞表现,这就是土家族丧歌的思想基础。在死者面前高歌狂舞,是土家人祭奠亡灵、安慰生者的一种特殊方式,也是土家人对灵魂"入土为安"的一种乐观、浪漫的理解。

(3)巫文化影响。巫文化很早以前就出现在土家人的生活中,与其日常生活有着千丝万缕的联系。在整个丧礼过程中,"以歌兴哀"成为土家族丧葬仪式的特点。丧堂歌中虽要吟唱对亡人的悼念及对亲属的安慰,但其中穿插有不可缺少的巫术成分,如请神、安五方、送亡、还阳、送神等本身就有明确的巫术目的。随着社会生活的变迁,撒叶儿嗬的巫文化影响会逐渐淡化,但是由于封闭的地理环境、长期的社会结构,以及其植根的文化土壤,巫文化仍会在土家人生活中扮演一个重要的角色。

主要参考文献

范国荣,2019.巴东县赵树岭滑坡稳定性分析与防治研究[D].宜昌:三峡大学.

高炜,吴以红,2021."壮美三峡·秘境巴东"的冰雪情缘 湖北省巴东县发展冰雪运动旅游业侧记[J].中国民族(12):51-54.

国家体育总局,2023.中国冰雪经济发展报告(2022)[M].北京:中国计划出版社.

国土资源部国际合作与科技司,2006.崩塌、滑坡、泥石流监测规范:DZ/T 0221—2006[S].北京:中国标准出版社.

侯林春,王伦澈,郑贵洲,等,2019.秭归产学研基地野外实践教学教程——地理学 分册[M].武汉:中国地质大学出版社.

湖北巴东地质灾害国家野外科学观测研究站.地基合成孔径雷达干涉测量平台(IBIS-FL)[EB/OL].(2016-10-11)[2024-02-20].https://bnorsg.cug.edu.cn/info/1039/1382.htm.

滑帅,2015.三峡库区黄土坡滑坡多期次成因机制及其演化规律研究[D].武汉:中国地质大学(武汉).

李智毅,杨裕云,2007.工程地质学概论[M].武汉:中国地质大学出版社.

李智毅,杨裕云,1994.工程地质学概论[M].武汉:中国地质大学出版社.

刘斌,葛大庆,李曼,等,2017.地基合成孔径雷达干涉测量技术及其应用[J].国土资源遥感,29(1):1-6.

龙建辉,郭文斌,李萍,等,2010.黄土滑坡滑带土的蠕变特性[J].岩土工程学报,32(7):1023-1028.

罗德安,朱光,陆立,等,2005.基于3维激光影像扫描技术的整体变形监测[J].测绘通报(7):40-42.

潘懋,李铁锋.灾害地质学[M].2版.北京:北京大学出版社,2012.

乔家君,2023.中国乡村振兴研究进展、热点及评价指标展望[J].河南大学学报(社会科学版),63(5):15-24.

全国安全生产标准化技术委员会,2020.生产经营单位生产安全事故应急预案编制导则:GB/T 29639—2020[S].北京:中国标准出版社.

全国地理信息标准化技术委员会,2017.突发事件应急标绘符号规范:GB/T 35649—2017[S].北京:中国标准出版社.

主要参考文献

全国公共安全基础标准化技术委员会,2017.突发事件分类与编码:GB/T 35561—2017[S].北京:中国标准出版社.

全国公共安全基础标准化技术委员会,2018.公共安全 应急管理 突发事件响应要求:GB/T 37228—2018[S].北京:中国标准出版社.

全国公共安全基础标准化技术委员会,2021.公共安全 应急管理 公共预警指南:GB/T 40054—2021[S].北京:中国标准出版社.

全国减灾救灾标准化技术委员会,2013.自然灾害救助应急响应划分基本要求:GB/T 29425—2012[S].北京:中国标准出版社.

全国旅游标准化技术委员会,2021.滑雪旅游度假地等级划分:LB/T 083—2021[S].[出版地不详:出版者不详].

全国石油天然气标准化技术委员会,2021.油气管道地质灾害防护技术规范:GB/T 40702—2021[S].北京:中国标准出版社.

人民论坛,2023.乡村振兴:中国式现代化·协调发展之路[M].北京:中国科学技术出版社.

唐辉明,鲁莎.三峡库区黄土坡滑坡滑带空间分布特征研究[J].工程地质学报,2018,26(1):129-136.

唐辉明,2008.工程地质学基础[M].北京:化学工业出版社.

唐辉明,鲁莎,2018.三峡库区黄土坡滑坡滑带空间分布特征研究[J].工程地质学报,26(1):129-136.

佟安娜,2022.2022年冬奥会视域下辽宁省冰雪经济发展影响因素分析[J].商展经济(11):42-44.

王孔伟,赵小明,邓成进,等,2013.三峡库区作辑托背斜和巴东断裂与滑坡类型的关系[J].吉林大学学报(地球科学版),43(1):169-177.

王晓波,李畅,关辅兴,2021.地基合成孔径雷达技术研究与初步应用[J].测绘与空间地理信息,44(z1):237-239,244.

王旭光,2023."冰雪经济"输出"热效应"[N].国际商报,09-22(006).

伍光和,王乃昂,胡双熙,等,2008.自然地理学[M].4版.北京:高等教育出版社.

项伟,苏爱军,王菁莪,等,2019.三峡库区巴东科教基地地质灾害防治实践教学教程[M].武汉:中国地质大学出版社.

晏倩,2023.发展南方冰雪运动的湖北方案[D].武汉:武汉体育学院.

杨红磊,彭军还,崔洪曜,2012.GB-InSAR监测大型露天矿边坡形变[J].地球物理学进展,27(4):1804-1811.

叶俊林,黄定华,张俊霞,1996.地质学概论[M].北京:地质出版社.

曾征,廖启鹏,余洋,2020.三峡库区黄土坡滑坡遗址生态景观重构策略探讨[J].安全与环境工程,27(4):71-78.

曾佐勋,樊光明,2008.构造地质学[M].3版.武汉:中国地质大学出版社.

张科峰,2022.静力水准系统在水工建筑物沉降监测中的应用[J].长江技术经济,6(7):137-139.

周黎,杜雪,2011.湖北民族民间舞蹈与音乐赏析[M].武汉:华中科技大学出版社.

自然资源部中国地质调查局.地质灾害调查技术要求(1∶50 000):DD 2019-08[S].北京:[出版者不详],2019.